中国建筑业发展年度报告
（2020）

中国建筑业协会　组织编写

中国建筑工业出版社

图书在版编目（CIP）数据

中国建筑业发展年度报告. 2020 / 中国建筑业协会组织编写. — 北京：中国建筑工业出版社，2022.1
ISBN 978-7-112-27069-9

Ⅰ.①中… Ⅱ.①中… Ⅲ.①建筑业—产业发展—研究报告—中国—2020 Ⅳ.①F426.9

中国版本图书馆CIP数据核字（2021）第272098号

本书从我国建筑业的产业地位、建筑业企业的基本情况等9个方面，对我国建筑业2020年的发展状况进行了分析排序。从建筑业增加值、营业收入等6个方面，进行了最近10年区域发展状况的分析。总结出建筑业高质量发展、建筑业企业转型升级等8个方面的22类问题进行了研讨。最后总结了2020年建筑业行业发展大事记。

本书对于全面了解中国建筑业的发展状况、开展与建筑业发展相关的学术研究，具有重要的借鉴价值。可供广大高等院校、科研机构从事建筑业发展相关教学、科研工作的人员、政府部门和建筑业企业的相关人员阅读参考。

责任编辑：张磊　高悦　万李
责任校对：张颖

中国建筑业发展年度报告（2020）
中国建筑业协会　组织编写

*

中国建筑工业出版社出版、发行（北京海淀三里河路9号）
各地新华书店、建筑书店经销
北京红光制版公司制版
北京京华铭诚工贸有限公司印刷

*

开本：787毫米×960毫米　1/16　印张：10¾　字数：201千字
2021年12月第一版　2021年12月第一次印刷
定价：55.00元
ISBN 978-7-112-27069-9
（38810）

版权所有　翻印必究
如有印装质量问题，可寄本社图书出版中心退换
（邮政编码100037）

本书编委会

主任委员：齐 骥
副主任委员：刘锦章　徐　建
委　　　员：王　宏　孟庆禹　王要武　刘伊生
　　　　　　李惠民　尤　完

编 写 组

主　　　编：刘锦章　王要武
副 主 编：赵　峰　于　涛　陈石玮　金　玲
参　　　编：潘法兴　李雪菊　王承玮　高　波
　　　　　　石　卫　李　康　赵晓莉　安　静
　　　　　　冯凯伦　王　硕

序

建筑业是我国国民经济的支柱产业。改革开放以来，我国建筑业经历了产业规模从小到大、建造能力由弱变强的快速发展过程，对经济社会发展、城乡建设和民生改善提供了有力支撑。但也应当看到，我国建筑业大而不强，生产方式依然比较粗放，效益低下，发展不平衡、不充分的问题依然十分突出。立足新发展阶段，为全面贯彻新发展理念，构建新发展格局，我国建筑业要走新型工业化、智能化、绿色化的道路，打造具有国际竞争力的"中国建造"品牌。面对新的发展形势和任务，需要通过对我国建筑业发展的全方位分析，系统总结建筑业改革发展经验；需要全面厘清建筑业的发展现状，以此查找、发现建筑业发展中亟待解决的问题，研判、分析建筑业发展的趋势和动向。

由中国建筑业协会组织编写的《中国建筑业发展年度报告（2020）》，基于翔实的数据，从全国、区域、省级区划三个层面，对建筑业的发展状况进行了多角度的深入分析，综述了建筑业年度热点问题的主要学术观点，记述了建筑业发展的年度大事，对于全面了解我国建筑业的发展状况，引领我国建筑业未来的发展方向，具有很高的参考价值。

期待本书能够得到广大读者的关注和欢迎，也希望大家在分享本书研究成果的同时，也对其中存在的不足提出中肯的批评和建议，以利于编写人员认真采纳与研究，使下一个年度的发展报告更趋完美，让读者更加受益。

2021 年 12 月

前　言

为了客观、全面地反映中国建筑业的发展状况，打造"中国建造"品牌，提升中国建筑业企业的核心竞争力，中国建筑业协会拟从2021年开始，每年编制一本反映上一年度中国建筑业发展状况的分析研究报告——《中国建筑业发展年度报告》。本报告即为该研究报告的2020年版。

本报告共分5章。

第1章从建筑业的产业地位、建筑业企业基本情况、建筑业总产值及其构成、签订合同和承包工程完成情况、建筑业企业资产情况、建筑业企业负债及所有者权益、建筑业企业收入、建筑业企业实现利税情况、房屋建筑建设情况9个方面，对我国建筑业2020年的发展状况进行了分析。

第2章从建筑业的产业地位、建筑业企业基本情况、建筑业总产值及其构成、签订合同和承包工程完成情况、建筑业企业资产情况、建筑业企业负债及所有者权益、建筑业企业收入、建筑业企业实现利税情况、房屋建筑建设情况9个方面，对各地区建筑业2020年的发展状况进行了分析，并进行了各地区建筑业主要指标的比较分析和建筑业百强城市排序与分析。

第3章分别针对常规分类的六大区域、八大经济区域和三大地带，从建筑业增加值、营业收入、建筑业总产值、本年新签合同额、资产总额合计、利润总额合计6个方面，进行了最近10年区域发展状况的分析。

第4章根据行业主流媒体、相关报刊杂志发表的有关建筑业发展的学术论文，对建筑业高质量发展、建筑业企业转型升级、智能建造与建筑工业化协同发展、新型建筑工业化、工程总承包、PPP模式、全过程咨询、建筑产业工人队伍培育8个方面的22类突出问题和热点问题进行了研讨。

第5章总结了2020年建筑业行业发展大事记。

本报告是系统分析中国建筑业发展状况的系列著作，对于全面了解中国建筑业的发展状况、开展与建筑业发展相关的学术研究，具有重要的借鉴价值。可供广大高等院校、科研机构从事建筑业发展相关教学、科研工作的人员，政府部门和建筑业企业的相关人员阅读参考。

本报告在制定编写方案、收集相关数据和书稿编写及审稿的过程中，得到了中国建筑业协会领导的大力指导和热情帮助，得到了有关行业专家、中国建筑业协会相关分支机构的积极支持和密切配合；在编辑、出版的过程中，得到了中国建筑工业出版社的大力支持，在此表示衷心的感谢。

本报告由刘锦章、王要武主编并统稿，参加各章编写的主要人员有：王要武、赵峰、于涛、高波、赵晓莉（第1章）；王要武、赵峰、陈石玮、潘法兴、安静（第2章）；王要武、金玲、王承玮、冯凯伦、王硕（第3章）；于涛、李雪菊、石卫、李康（第4章）；金玲、陈石玮（第5章）。

限于时间和水平，本报告错讹之处在所难免，敬请广大读者批评指正。

2021年12月

目 录

第1章 我国建筑业发展状况分析 ·············· 1
1.1 建筑业的产业地位 ·············· 1
1.1.1 建筑业增加值及其占国内生产总值的比重 ·············· 1
1.1.2 国内生产总值指数与建筑业增加值指数的关系曲线 ·············· 2
1.2 建筑业企业基本情况 ·············· 2
1.2.1 企业单位数 ·············· 2
1.2.2 从业人员数 ·············· 2
1.2.3 按总产值计算的劳动生产率 ·············· 3
1.3 建筑业总产值及其构成 ·············· 4
1.3.1 建筑业总产值及其增长情况 ·············· 4
1.3.2 建筑业总产值构成 ·············· 5
1.3.3 建筑业总产值的行业构成 ·············· 7
1.4 签订合同和承包工程完成情况 ·············· 9
1.4.1 签订合同情况 ·············· 9
1.4.2 承包工程完成情况 ·············· 10
1.5 建筑业企业资产情况 ·············· 12
1.5.1 资产总计 ·············· 12
1.5.2 资产的构成 ·············· 13
1.6 建筑业企业负债及所有者权益 ·············· 15
1.6.1 负债合计及其构成 ·············· 15
1.6.2 所有者权益与实收资本 ·············· 17
1.7 建筑业企业收入 ·············· 18
1.7.1 营业收入 ·············· 18
1.7.2 主营业务收入 ·············· 19
1.8 建筑业企业实现利税情况 ·············· 19
1.8.1 利税总额 ·············· 19
1.8.2 利润总额 ·············· 19

1.8.3	税金总额	20
1.8.4	主营业务利润	20
1.8.5	产值利税率和产值利润率	21

1.9 房屋建筑建设情况 ······ 22
  1.9.1 房屋建筑施工面积 ······ 22
  1.9.2 房屋建筑竣工面积 ······ 22
  1.9.3 房屋建筑面积竣工率 ······ 23

第2章 各地区建筑业发展状况分析 ······ 24
2.1 建筑业的产业地位 ······ 24
  2.1.1 建筑业增加值及其增长情况 ······ 24
  2.1.2 建筑业增加值占地区生产总值的比重 ······ 25
2.2 建筑业企业基本情况 ······ 25
  2.2.1 企业单位数 ······ 25
  2.2.2 从业人员数 ······ 27
  2.2.3 按总产值计算的劳动生产率 ······ 28
2.3 建筑业总产值及其构成 ······ 28
  2.3.1 建筑业总产值 ······ 28
  2.3.2 建筑业总产值构成 ······ 30
  2.3.3 建筑业总产值的行业构成 ······ 33
  2.3.4 在外省完成的产值及外向度 ······ 38
2.4 签订合同和承包工程完成情况 ······ 39
  2.4.1 签订合同情况 ······ 39
  2.4.2 承包工程完成情况 ······ 41
2.5 建筑业企业资产情况 ······ 46
  2.5.1 资产总计 ······ 46
  2.5.2 资产的构成 ······ 47
2.6 建筑业企业负债及所有者权益 ······ 50
  2.6.1 负债合计及其构成 ······ 50
  2.6.2 所有者权益与实收资本 ······ 53
2.7 建筑业企业收入 ······ 55
  2.7.1 营业收入 ······ 55
  2.7.2 营业收入的构成 ······ 56
2.8 建筑业企业实现利税情况 ······ 59
  2.8.1 利税总额 ······ 59

  2.8.2 利税总额的构成 ······ 60
  2.8.3 主营业务利润 ······ 62
 2.9 房屋建筑建设情况 ······ 63
  2.9.1 房屋建筑施工面积 ······ 63
  2.9.2 房屋建筑竣工面积 ······ 64
 2.10 各地区建筑业主要指标比较分析 ······ 66
  2.10.1 各地区建筑业主要指标位次排序分析 ······ 66
  2.10.2 各地区建筑业主要指标比重排序分析 ······ 67
 2.11 建筑业百强城市排序与分析 ······ 68
  2.11.1 建筑业百强城市的排序 ······ 69
  2.11.2 建筑业百强城市的分析 ······ 72

第3章 建筑业区域发展状况分析 ······ 76
 3.1 常规分类的六大区域建筑业发展状况分析 ······ 76
  3.1.1 常规分类六大区域的构成 ······ 76
  3.1.2 建筑业增加值 ······ 76
  3.1.3 营业收入 ······ 77
  3.1.4 建筑业总产值 ······ 78
  3.1.5 本年新签合同额 ······ 79
  3.1.6 资产总额合计 ······ 80
  3.1.7 利润总额合计 ······ 81
  3.1.8 2020年常规分类的六大区域建筑业主要指标排序分析 ······ 82
 3.2 八大经济区域的建筑业发展状况分析 ······ 82
  3.2.1 八大经济区域的构成 ······ 82
  3.2.2 建筑业增加值 ······ 83
  3.2.3 营业收入 ······ 84
  3.2.4 建筑业总产值 ······ 85
  3.2.5 本年新签合同额 ······ 86
  3.2.6 资产总额合计 ······ 87
  3.2.7 利润总额合计 ······ 88
  3.2.8 2020年八大经济区域建筑业主要指标排序分析 ······ 89
 3.3 三大地带建筑业发展状况分析 ······ 90
  3.3.1 三大地带的构成 ······ 90
  3.3.2 建筑业增加值 ······ 90
  3.3.3 营业收入 ······ 91

  3.3.4 建筑业总产值 ·· 92
  3.3.5 本年新签合同额 ·· 92
  3.3.6 资产总额合计 ·· 93
  3.3.7 利润总额合计 ·· 94
  3.3.8 2020年三大地带建筑业主要指标排序分析 ············ 94

第4章 建筑业发展热点问题研究 ························· 96
 4.1 建筑业高质量发展 ·· 96
  4.1.1 建筑业高质量发展的挑战与路径研究 ··················· 96
  4.1.2 建筑业高质量发展的评价标准 ···························· 97
 4.2 建筑业企业转型升级 ··· 99
  4.2.1 建筑业企业面临的机遇和挑战 ···························· 99
  4.2.2 建筑业企业转型升级的主要方向 ························ 100
  4.2.3 建筑业企业转型升级的关键路径 ························ 101
 4.3 智能建造与建筑工业化协同发展 ····························· 103
  4.3.1 智能建造的底层逻辑与核心框架研究 ·················· 103
  4.3.2 建筑工业化协同方式 ······································· 104
  4.3.3 智能建造与建筑工业化协同的示范性项目发展状况 ····· 105
 4.4 新型建筑工业化的核心理念与推进途径 ···················· 106
  4.4.1 新型建筑工业化的核心理念 ······························· 106
  4.4.2 新型建筑工业化的推进途径 ······························· 107
 4.5 工程总承包 ··· 109
  4.5.1 工程总承包模式在我国的应用前景与核心挑战 ······· 109
  4.5.2 工程总承包效能提升路径 ·································· 110
  4.5.3 工程总承包卓越管理模式 ·································· 112
 4.6 PPP模式 ··· 114
  4.6.1 PPP模式在我国的应用前景与核心挑战 ················ 114
  4.6.2 PPP模式的效能提升路径 ·································· 116
  4.6.3 PPP模式中的治理问题 ······································ 118
 4.7 全过程咨询 ··· 120
  4.7.1 全过程咨询在我国建筑业的应用前景与发展状况 ····· 120
  4.7.2 全过程咨询的模式研究 ····································· 123
  4.7.3 全过程咨询的绩效评价 ····································· 125
 4.8 建筑产业工人队伍培育 ·· 126

  4.8.1　建筑业劳动力现状与发展趋势 …………………………………… 126
  4.8.2　建筑业产业工人的核心技能与素质 ………………………………… 128
  4.8.3　建筑业产业工人队伍培育方式 ……………………………………… 129

第5章　建筑业行业发展大事记 …………………………………………………… 132

第1章 我国建筑业发展状况分析

2020年,面对严峻复杂的国内外环境特别是新冠肺炎疫情的严重冲击,在以习近平同志为核心的党中央坚强领导下,我国建筑业攻坚克难,率先复工复产,为快速有效防控疫情提供了强大的基础设施保障,为全国人民打赢疫情防控阻击战作出了重大贡献,保证了发展质量和效益的不断提高。

1.1 建筑业的产业地位

1.1.1 建筑业增加值及其占国内生产总值的比重

自2011年以来,我国建筑业增加值持续保持增长态势,2020年达到72995.7亿元,是2011年的2.22倍,年平均增速9.25%。建筑业增加值占国内生产总值的比例始终保持在6.75%以上。2020年再创历史新高,达到了7.18%,在2015年、2016年连续两年下降后连续四年保持增长(参见图1-1),建筑业国民经济支柱产业的地位稳固。

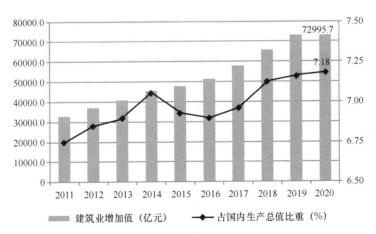

图1-1 2011—2020年建筑业增加值及其占国内生产总值的比重情况

资料来源:国家统计局《2021中国统计年鉴》

1.1.2 国内生产总值指数与建筑业增加值指数的关系曲线

2011—2020 年,国内生产总值指数和建筑业增加值指数的关系曲线如图 1-2 所示。从图中可以看出,十年间,除个别年份(2017—2019 年)建筑业增加值指数低于国内生产总值指数外,其他大部分年份都高于国内生产总值指数,2020 年高出了 1.2 个百分点。

图 1-2　2011—2020 年国内生产总值指数和建筑业增加值
指数的关系曲线

资料来源:国家统计局《2021 中国统计年鉴》

1.2　建筑业企业基本情况

1.2.1　企业单位数

2011—2020 年,除 2015 年外,我国建筑业企业单位数总体呈上升趋势,平均增长速度为 5.47%。2020 年,全国共有建筑业企业 116716 个,是 2011 年的 1.61 倍,比上年增加 12902 个,增速为 12.44%,比上年增加了 3.62 个百分点,增速达到近十年最高点(参见图 1-3)。

1.2.2　从业人员数

2011—2020 年,我国建筑业企业从业人员数波动中缓慢上升,平均增长速度为 3.75%。2020 年,建筑业从业人数为 5366.92 万人,是 2011 年的 1.39 倍,比上年减少 60.16 万人,减少 1.11%(参见图 1-4)。

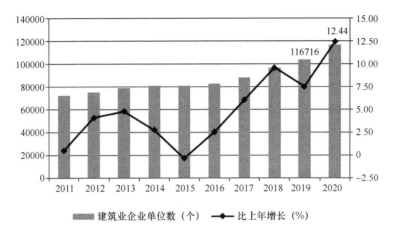

图 1-3　2011—2020 年建筑业企业单位数及其增长情况

资料来源：国家统计局《国家数据》

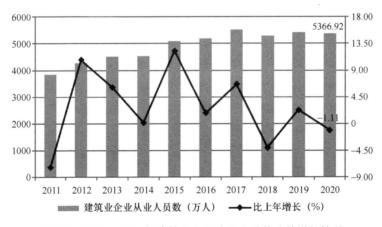

图 1-4　2011—2020 年建筑业企业从业人员数及其增长情况

资料来源：国家统计局《国家数据》

1.2.3　按总产值计算的劳动生产率

2011—2020 年，我国建筑业企业按总产值计算的劳动生产率，除 2014 年出现小幅下降外，总体呈逐年上升趋势，平均增长速度为 6.84%。2020 年，我国建筑业企业按总产值计算的劳动生产率达 422906 元/人，是 2011 年的 1.81 倍，比上年增加了 23232 元/人，增长了 5.81%（参见图 1-5）。

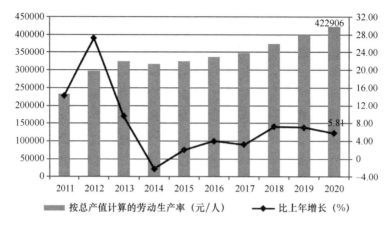

图 1-5 2011—2020 年建筑业企业按总产值计算的劳动生产率及其增长情况
资料来源：国家统计局《国家数据》

1.3 建筑业总产值及其构成

1.3.1 建筑业总产值及其增长情况

自 2011 年以来，随着我国建筑业企业生产和经营规模的不断扩大，建筑业总产值持续增长。2011—2020 年，我国建筑业总产值的平均增长速度为 9.52%。2020 年，建筑业总产值达到 263947.04 亿元，比上年增长 6.24%，是 2011 年的 2.27 倍。建筑业总产值增速比上年降低了 3.78 个百分点（参见图 1-6）。

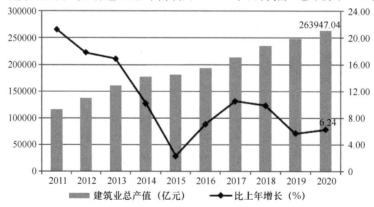

图 1-6 2011—2020 年建筑业总产值及其增长情况
资料来源：国家统计局《国家数据》

1.3.2 建筑业总产值构成

从构成看，建筑业总产值包括建筑工程产值、安装工程产值和其他产值。2011—2020年，这三种类型的产值占建筑业总产值的比重情况，如图1-7所示。2020年，建筑工程产值、安装工程产值和其他产值占建筑业总产值的比重分别为88.17%、8.37%和3.47%。

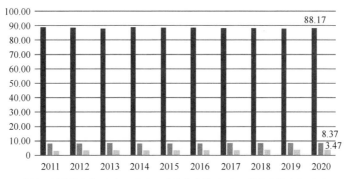

图1-7　2011—2020年全国建筑业总产值中不同类型产值情况
资料来源：国家统计局《国家数据》《2021中国统计年鉴》

2011—2020年，我国建筑业企业建筑工程产值的平均增长速度为9.40%。2020年，建筑工程产值达到232717.47亿元，比上年增长6.43%，是2011年的2.24倍。建筑工程产值增速比上年提高了1.10个百分点，增速在连续两年下降后出现反弹（参见图1-8）。

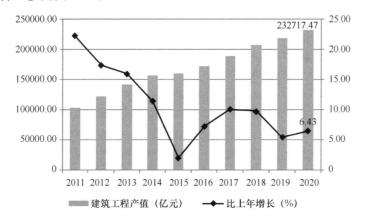

图1-8　2011—2020年建筑工程产值及其增长情况
资料来源：国家统计局《国家数据》《2021中国统计年鉴》

2011—2020年,我国建筑业企业安装工程产值的平均增长速度为9.77%。2020年,安装工程产值达到22080.47亿元,比上年增长3.40%,是2011年的2.31倍。安装工程产值增速比上年降低了5.38个百分点,增速连续三年下降(参见图1-9)。

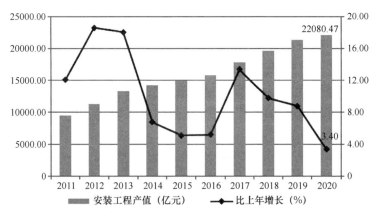

图1-9　2011—2020年安装工程产值及其增长情况
资料来源:国家统计局《国家数据》《2021中国统计年鉴》

2011—2020年,我国建筑业企业其他产值的平均增长速度为11.98%。2020年,其他产值达到9149.46亿元,比上年增长8.55%,是2011年的2.77倍。其他产值增速比上年提高了1.43个百分点,增速在连续两年下降后出现反弹(参见图1-10)。

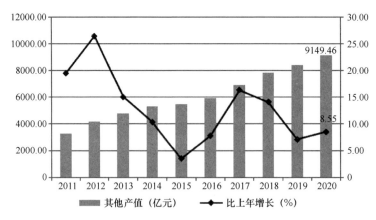

图1-10　2011—2020年其他产值及其增长情况
资料来源:国家统计局《国家数据》《2021中国统计年鉴》

1.3.3 建筑业总产值的行业构成

建筑业可细分为房屋建筑业，土木工程建筑业，建筑安装业，建筑装饰、装修和其他建筑业四个子行业。2011—2020 年，这四个子行业完成的建筑业总产值占建筑业总产值的比重情况，如图 1-11 所示。2020 年，房屋建筑业，土木工程建筑业，建筑安装业，建筑装饰、装修和其他建筑业完成的建筑业总产值占建筑业总产值的比重，分别为 61.33%、28.55%、5.33% 和 4.79%。

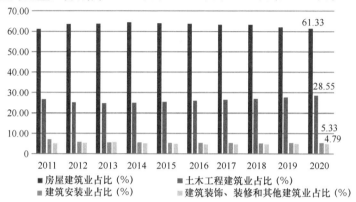

图 1-11　2011—2020 年全国建筑业总产值中不同行业完成产值情况
资料来源：国家统计局《国家数据》《2021 中国统计年鉴》

2011—2020 年，我国房屋建筑业建筑业总产值的平均增长速度为 9.58%。2020 年，房屋建筑业建筑业总产值达到 161877.08 亿元，比上年增长 4.98%，是 2011 年的 2.28 倍。房屋建筑业建筑业总产值增速比上年提高了 1.37 个百分点，增速在连续两年下降后出现反弹（参见图 1-12）。

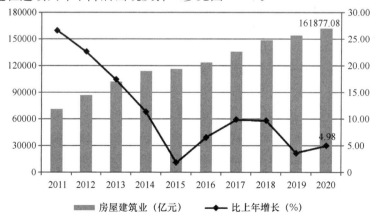

图 1-12　2011—2020 年房屋建筑业建筑业总产值及其增长情况
资料来源：国家统计局《国家数据》《2021 中国统计年鉴》

2011—2020年，我国土木工程建筑业建筑业总产值的平均增长速度为10.29%。2020年，土木工程建筑业建筑业总产值达到75364.23亿元，比上年增长9.85%，是2011年的2.41倍。土木工程建筑业建筑业总产值增速比上年提高了1.66个百分点，增速在连续两年下降后出现反弹（参见图1-13）。

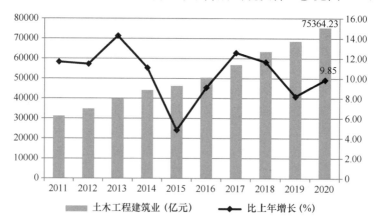

图1-13　2011—2020年土木工程建筑业建筑业总产值及其增长情况

资料来源：国家统计局《国家数据》《2021中国统计年鉴》

2011—2020年，我国建筑安装业建筑业总产值的平均增长速度为6.25%。2020年，建筑安装业建筑业总产值达到14057.75亿元，比上年增长5.38%，是2011年的1.73倍。建筑安装业建筑业总产值增速比上年下降了6.22个百分点（参见图1-14）。

2011—2020年，我国建筑装饰、装修和其他建筑业建筑业总产值各年度有升有降，特别是在2018年出现超过80%的降幅后强力反弹，2019年出现了超过

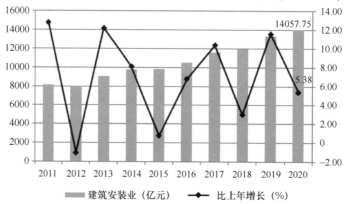

图1-14　2011—2020年建筑安装业建筑业总产值及其增长情况

资料来源：国家统计局《国家数据》《2021中国统计年鉴》

660%的增幅，十年间平均增长速度为8.59%。2020年，建筑装饰、装修和其他建筑业建筑业总产值达到12648.34亿元，比上年增长2.85%，是2011年的2.10倍（参见图1-15）。

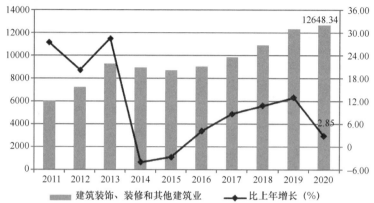

图1-15　2011—2020年建筑装饰、装修和其他建筑业建筑业总产值及其增长情况

资料来源：国家统计局《国家数据》《2021中国统计年鉴》

1.4　签订合同和承包工程完成情况

1.4.1　签订合同情况

2011—2020年，我国建筑业企业签订合同总额呈较为明显的逐年上升趋势，平均增长速度为12.27%。2020年，全国建筑业企业签订合同总额达595576.76亿元，比上年增加了50541.99亿元，增长了9.27%，是2011年的2.83倍。建筑业企业签订合同总额增速比上年降低2.45个百分点（参见图1-16）。

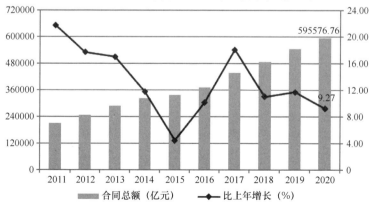

图1-16　2011—2020年建筑业企业签订合同总额及其增长情况

资料来源：国家统计局《国家数据》

2011—2020年，我国建筑业企业本年新签合同额，除2015年出现小幅下降外，总体上呈较为明显的逐年上升趋势，平均增长速度为10.84%。2020年，全国建筑业企业本年新签合同额达325174.42亿元，比上年增加了35942.14亿元，增长了12.43%，是2011年的2.52倍。建筑业企业本年新签合同额增速连续两年保持增长（参见图1-17）。

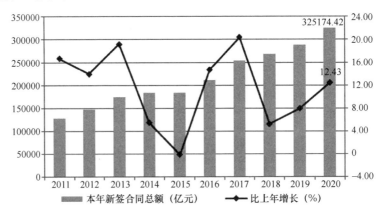

图1-17　2011—2020年建筑业企业本年新签合同额情况
资料来源：国家统计局《国家数据》

1.4.2　承包工程完成情况

建筑业总产值的形成包括如下三种情形：直接从建设单位承揽工程完成的产值、分包出去工程的产值和从建设单位以外承揽工程完成的产值。建筑业总产值＝直接从建设单位承揽工程完成的产值－分包出去工程的产值＋从建设单位以外承揽工程完成的产值。2011—2020年，这三种产值与建筑业总产值的比例关系，如图1-18所示。2020年，直接从建设单位承揽工程完成的产值、分包出去工程的产值和从建设单位以外承揽工程完成的产值与建筑业总产值的比例，分别为98.17%、3.75%和5.59%。

2011—2020年，我国建筑业企业直接从建设单位承揽工程完成的产值呈较为明显的逐年上升趋势，平均增长速度为9.40%。2020年，全国建筑业企业直接从建设单位承揽工程完成的产值达259105.49亿元，比上年增加了14226.32亿元，增长了5.81%，是2011年的2.25倍。直接从建设单位承揽工程完成的产值增速比上年降低0.14个百分点，连续三年下降（参见图1-19）。

2011—2020年，我国建筑业企业分包出去的施工产值，除2015年出现下降外，其他年份呈逐年上升趋势，平均增长速度为12.86%。2020年，全国建筑业企业分包出去的施工产值达9906.47亿元，比上年增加了1211.31亿元，增长了

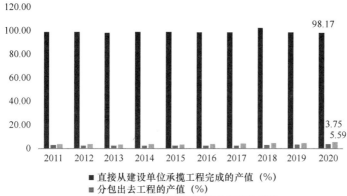

图 1-18　2011—2020 年三种产值与建筑业总产值的比例关系
资料来源：国家统计局《国家数据》《2021 中国统计年鉴》

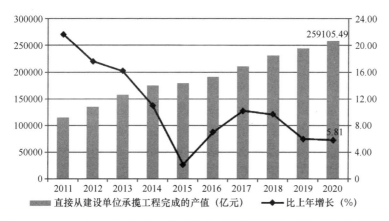

图 1-19　2011—2020 年建筑业企业直接从建设单位承揽工程完成的产值情况
资料来源：国家统计局《国家数据》《中国统计年鉴》

13.93%，是 2011 年的 2.97 倍。分包出去的施工产值增速比上年降低 9.62 个百分点，连续两年下降（参见图 1-20）。

2011—2020 年，我国建筑业企业从建设单位以外承揽工程完成的产值，除 2015 年出现小幅下降外，其他年份呈较为明显的逐年上升趋势，平均增长速度为 14.39%。2020 年，全国建筑业企业从建设单位以外承揽工程完成的产值达 14748.37 亿元，比上年增加了 2489.11 亿元，增长了 20.30%，是 2011 年的 3.35 倍。从建设单位以外承揽工程完成的产值增速比上年提高 8.85 个百分点（参见图 1-21）。

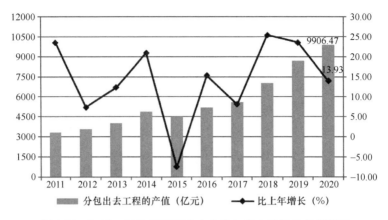

图 1-20　2011—2020 年建筑业企业分包出去的施工产值情况

资料来源：国家统计局《国家数据》《中国统计年鉴》

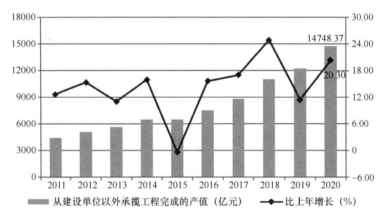

图 1-21　2011—2020 年建筑业企业分包出去的施工产值情况

资料来源：国家统计局《国家数据》《中国统计年鉴》

1.5　建筑业企业资产情况

1.5.1　资产总计

2011—2020 年，我国建筑业企业资产总计呈较为明显的逐年上升趋势，平均增长速度为 13.05%。2020 年，全国建筑业企业资产总计达 283032.55 亿元，比上年增加了 26403.05 亿元，增长了 10.29%，是 2011 年的 3.02 倍。资产总计增速比上年提高 0.62 个百分点（参见图 1-22）。

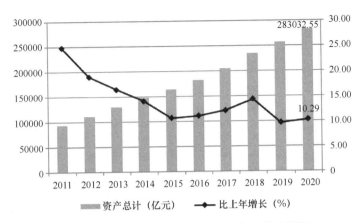

图 1-22 2011—2020 年建筑业企业资产总计情况

资料来源：国家统计局《国家数据》《中国统计年鉴》

1.5.2 资产的构成

建筑业企业资产总计包括流动资产、固定资产、在建工程。2011—2021 年，这三项内容占建筑业企业资产总计的比重，如图 1-23 所示。2020 年，流动资产、固定资产、在建工程占建筑业企业资产总计的比重分别为 78.33%、7.48% 和 1.24%。

2011—2020 年，我国建筑业企业流动资产也呈较为明显的逐年上升趋势，平均增长速度为 13.31%。2020 年，全国建筑业企业流动资产达 221695.79 亿元，比上年增加了 20923.13 亿元，增长了 10.42%，是 2011 年的 3.08 倍。流

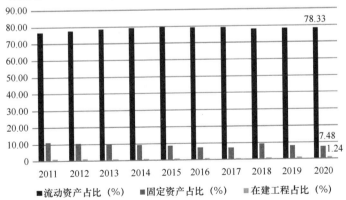

图 1-23 2011—2020 年流动资产、固定资产、在建工程占建筑业企业
资产总计的比重

资料来源：国家统计局《国家数据》《中国统计年鉴》

动资产增速比上年提高 0.51 个百分点（参见图 1-24）。

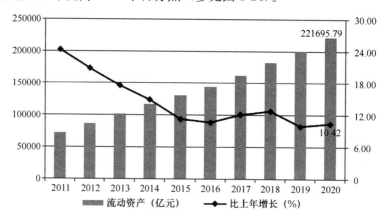

图 1-24　2011—2020 年建筑业企业流动资产情况
资料来源：国家统计局《国家数据》《中国统计年鉴》

2011—2020 年，我国建筑业企业固定资产除个别年份（2016 年、2019 年）外，总体也呈逐年上升趋势，平均增长速度为 8.07%。2020 年，全国建筑业企业固定资产达 21171.09 亿元，比上年增加了 8.07 亿元，增长了 1.79%，是 2011 年的 2.01 倍。固定资产增速比上年提高 5.61 个百分点（参见图 1-25）。

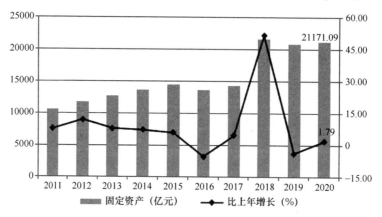

图 1-25　2011—2020 年建筑业企业固定资产情况
资料来源：国家统计局《国家数据》《中国统计年鉴》

2011—2020 年，我国建筑业企业在建工程，除 2016 年外，总体也呈逐年上升趋势，平均增长速度为 12.98%。2020 年，全国建筑业企业在建工程产达 3506.71 亿元，比上年增加了 89.85 亿元，增长了 2.63%，是 2011 年的 3 倍。在建工程增速比上年下降 30.31 个百分点（参见图 1-26）。

图 1-26　2011—2020 年建筑业企业在建工程情况
资料来源：国家统计局《国家数据》《中国统计年鉴》

1.6　建筑业企业负债及所有者权益

1.6.1　负债合计及其构成

2011—2020 年，我国建筑业企业负债合计呈较为明显的逐年上升趋势，平均增长速度为 13.45%。2020 年，全国建筑业企业负债合计达 197934.68 亿元，比上年增加了 21461.78 亿元，增长了 12.16%，是 2011 年的 3.11 倍。负债合计增速比上年提高 1.32 个百分点（参见图 1-27）。

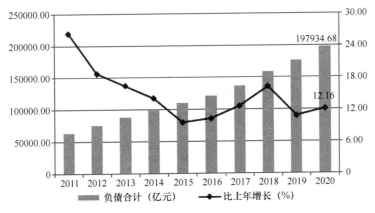

图 1-27　2011—2020 年建筑业企业负债合计情况
资料来源：国家统计局《中国统计年鉴》

建筑业企业负债包括流动负债和非流动负债。2011—2021年，流动负债合计和非流动负债合计占建筑业企业负债合计的比重，如图1-28所示。2020年，流动负债合计、非流动负债合计占建筑业企业负债合计的比重分别为90.16%和7.82%。

图1-28　2011—2020年流动负债合计和非流动负债合计占建筑业企业负债合计的比重情况

资料来源：国家统计局《中国统计年鉴》

2011—2020年，我国建筑业企业流动负债合计也呈较为明显的逐年上升趋势，平均增长速度为13.12%。2020年，全国建筑业企业流动负债合计达178466.99亿元，比上年增加了19442.04亿元，增长了12.23%，是2011年的3.03倍。流动负债合计增速比上年提高0.04个百分点（参见图1-29）。

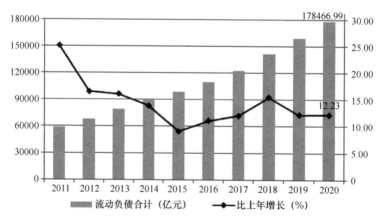

图1-29　2011—2020年建筑业企业流动负债合计情况

资料来源：国家统计局《中国统计年鉴》

2011—2020年，我国建筑业企业非流动负债合计，除2015年和2017年出现下降外，其他年份也呈逐年上升趋势，平均增长速度为15.87%。2020年，全国建筑业企业非流动负债合计达15482.43亿元，比上年增加了2292.21亿元，增长了17.38%，是2011年的3.76倍。非流动负债合计增速比上年提高4.14个百分点（参见图1-30）。

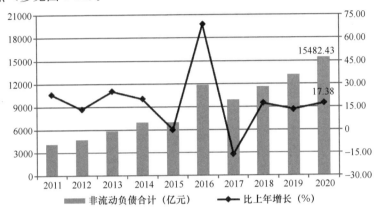

图1-30　2011—2020年建筑业企业非流动负债合计情况

资料来源：国家统计局《中国统计年鉴》

1.6.2　所有者权益与实收资本

2011—2020年，我国建筑业企业所有者权益呈逐年上升趋势，增速呈逐年下降趋势，平均增长速度为12.17%。2020年，全国建筑业企业所有者权益达85100.24亿元，比上年增加了4945.45亿元，增长了6.17%，是2011年的2.81倍。所有者权益增速比上年降低1.04个百分点（参见图1-31）。

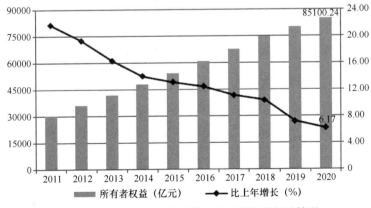

图1-31　2011—2020年建筑业企业所有者权益情况

资料来源：国家统计局《中国统计年鉴》

2011—2020 年，我国建筑业企业实收资本也呈逐年上升趋势，平均增长速度为 10.15%。2020 年，全国建筑业企业实收资本达 43000.34 亿元，比上年增加了 2385.47 亿元，增长了 5.87%，是 2011 年的 2.39 倍。实收资本增速比上年提高 1.95 个百分点（参见图 1-32）。

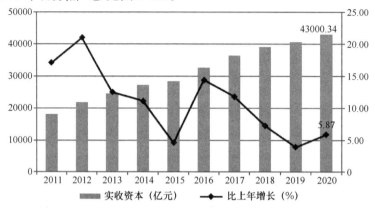

图 1-32　2011—2020 年建筑业企业实收资本情况
资料来源：国家统计局《中国统计年鉴》

1.7　建筑业企业收入

1.7.1　营业收入

自 2011 年以来，随着我国建筑业企业生产和经营规模的不断扩大，建筑业企业的营业收入持续增长，平均增长速度达 9.08%。2020 年，建筑业营业收入 244864.50 亿元，比上年增长 5.27%，是 2011 年的 2.19 倍。营业收入增速比上年降低了 4.46 个百分点，在连续 4 年增长后出现下降（参见图 1-33）。

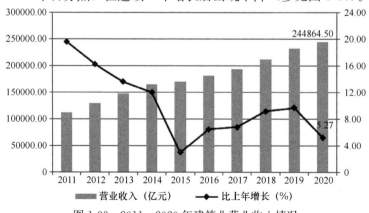

图 1-33　2011—2020 年建筑业营业收入情况
资料来源：国家统计局《2021 中国统计年鉴》

1.7.2 主营业务收入

建筑业主营业务收入与营业收入发展态势趋同，2011—2020 年的平均增长速度为 9.04%。2020 年，建筑业主营业务收入达到 241267.39 亿元，比上年增长 5.28%，是 2011 年的 2.18 倍。主营业务收入增速比上年降低了 4.19 个百分点，在连续 4 年增长后出现下降（参见图 1-34）。建筑业主营业务收入占营业收入的比重，一直保持在 98% 以上，2020 年为 98.53%。

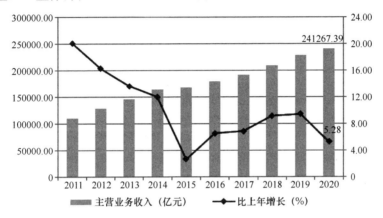

图 1-34　2011—2020 年建筑业主营业务收入情况

资料来源：国家统计局《2021 中国统计年鉴》

1.8　建筑业企业实现利税情况

1.8.1　利税总额

2011—2020 年，我国建筑业企业利税总额前期呈现逐年上升趋势，但 2019 年、2020 年出现小幅下降，10 年间的平均增长速度为 7.51%。2020 年，全国建筑业企业利税总额达 15416.57 亿元，是 2011 年的 1.92 倍，比上年减少了 26.08 亿元，降低了 0.17%（参见图 1-35）。

1.8.2　利润总额

2011—2020 年，我国建筑业企业利润总额呈现逐年上升趋势，平均增长速度为 8.16%。2020 年，全国建筑业企业利润总额达 8447.74 亿元，是 2011 年的 2.03 倍，比上年增加了 168.19 亿元，增长了 2.03%，增速连续四年下降（参见图 1-36）。

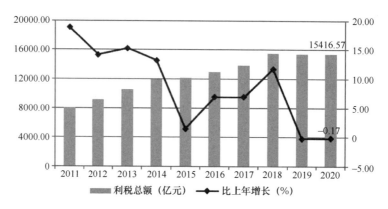

图 1-35 2011—2020 年建筑业利税总额情况
资料来源：国家统计局《国家数据》《中国统计年鉴》

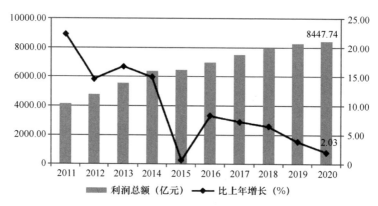

图 1-36 2011—2020 年建筑业利润总额情况
资料来源：国家统计局《国家数据》《中国统计年鉴》

1.8.3 税金总额

2011—2020 年，我国建筑业企业税金总额前期呈现逐年上升趋势，但 2019 年、2020 年出现下降，10 年间的平均增长速度为 7.30%。2020 年，全国建筑业企业税金总额达 6968.83 亿元，是 2011 年的 1.88 倍，比上年减少了 194.27 亿元，降低了 2.71%（参见图 1-37）。

1.8.4 主营业务利润

2011—2020 年，我国建筑业企业主营业务利润除 2011 年有大幅降低外，总体呈现逐年上升趋势，平均增长速度为 8.91%。2020 年，全国建筑业企业主营业务利润达 8187.41 亿元，是 2011 年的 2.16 倍，比上年增加了 276.40 亿元，提高了 3.49%（参见图 1-38）。

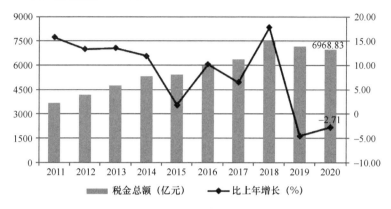

图 1-37　2011—2020 年建筑业税金总额情况
资料来源：国家统计局《国家数据》《中国统计年鉴》

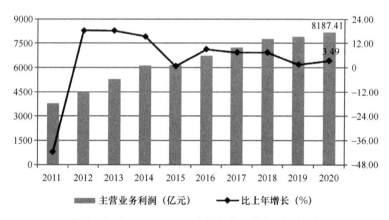

图 1-38　2011—2020 年建筑业主营业务利润情况
资料来源：国家统计局《国家数据》《中国统计年鉴》

1.8.5　产值利税率和产值利润率

2011—2020 年，我国建筑业企业产值利税率和产值利润率均呈波动缓慢递减状态，平均递减速度分别为 1.83% 和 1.23%。2020 年我国建筑业企业产值利税率和产值利润率分别为 5.84% 和 3.20%，分别是 2011 年的 0.85 倍和 0.89 倍，分别比上年减少了 0.37 和 0.13 个百分点（参见图 1-39）。

图 1-39　2011—2020 年建筑业产值利税率和产值利润率情况

资料来源：根据国家统计局《国家数据》《中国统计年鉴》计算

1.9　房屋建筑建设情况

1.9.1　房屋建筑施工面积

2011—2020 年，除 2015 年外，我国建筑业房屋建筑施工面积呈逐年上升趋势，平均增长速度为 6.45%。2020 年，全国房屋建筑施工面积达 149.47 亿 m^2，是 2011 年的 1.75 倍，比上年增加 5.32 亿 m^2，增长了 3.69%（参见图 1-40）。

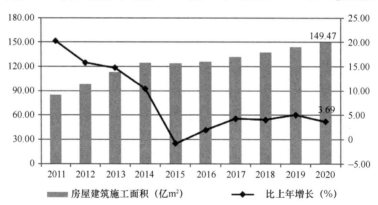

图 1-40　2011—2020 年建筑业房屋建筑施工面积情况

资料来源：国家统计局《国家数据》

1.9.2　房屋建筑竣工面积

2011—2020 年，我国建筑业房屋建筑竣工面积总体上呈前升后降态势，平均增长速度为 2.20%。2020 年，全国房屋建筑竣工面积为 38.48 亿 m^2，是 2011

年的1.22倍，比上年减少1.75亿 m²，减少了4.35%，连续四年下降（参见图1-41）。

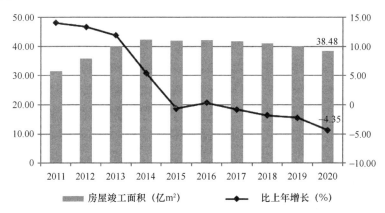

图1-41　2011—2020年建筑业房屋建筑竣工面积情况
资料来源：国家统计局《国家数据》

1.9.3　房屋建筑面积竣工率

2011—2020年，我国建筑业房屋建筑施工面积相对于竣工面积有更快的增长速度，使得房屋建筑面积竣工率（当年房屋建筑竣工面积与施工面积的比值）呈现明显的逐年下降趋势，平均下降速度为3.99%。2020年，全国房屋建筑面积竣工率为25.74%，比上年下降了2.17个百分点，比2011年下降了11.4个百分点（参见图1-42）。

图1-42　2011—2020年建筑业房屋建筑竣工率情况
资料来源：根据国家统计局《国家数据》计算

第2章 各地区建筑业发展状况分析

2.1 建筑业的产业地位

2.1.1 建筑业增加值及其增长情况

2020年各地区建筑业增加值及其增长情况如图2-1、图2-2所示。

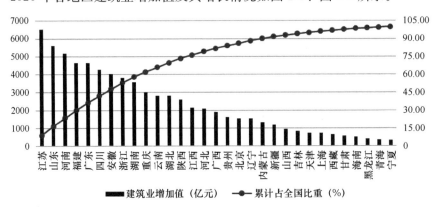

图2-1 2020年各地区建筑业增加值情况

资料来源：国家统计局《国家数据》《2021中国统计年鉴》

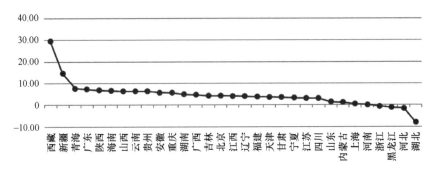

图2-2 2020年各地区建筑业增加值增长情况（%）

资料来源：国家统计局《国家数据》《2021中国统计年鉴》

江苏、山东、河南、福建、广东的建筑业增加值居全国前五位，分别为 6530.85 亿元、5616.59 亿元、5183.01 亿元、4654.13 亿元和 4651.5 亿元，增加值占全国的比重分别为 8.94%、7.69%、7.10%、6.37% 和 6.37%；宁夏、青海、黑龙江、海南和甘肃的建筑业增加值居全国后五位，分别为 326.78 亿元、357.65 亿元、412.78 亿元、522.61 亿元和 572.62 亿元，增加值占全国的比重分别为 0.45%、0.49%、0.57%、0.72% 和 0.78%。

与 2019 年相比，27 个地区的建筑业增加值增加，4 个地区的建筑业增加值减少。增长率居全国前五位的是西藏、新疆、青海、广东和陕西，分别增长了 29.61%、14.59%、7.73%、7.33% 和 6.89%；增长率居全国后五位的是湖北、河北、黑龙江、浙江和河南，其中，湖北、河北、黑龙江、浙江分别下降了 7.98%、1.49%、1.11% 和 0.52%，河南增长了 0.16%。

2.1.2 建筑业增加值占地区生产总值的比重

2020 年各地区建筑业增加值占地区生产总值的比重如图 2-3 所示。

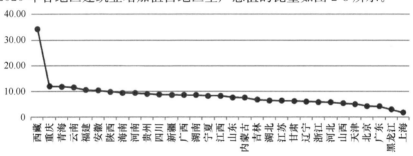

图 2-3 2020 年各地区建筑业增加值占地区生产总值的比重（%）
资料来源：国家统计局《国家数据》《2021 中国统计年鉴》

建筑业增加值占地区生产总值的比重超过 10% 的有西藏、重庆、青海、云南、福建和安徽六个地区，建筑业增加值占地区生产总值的比重分别为 34.32%、12.00%、11.90%、11.56%、10.60% 和 10.43%；建筑业增加值占地区生产总值的比重低于 5% 的有上海、黑龙江、广东和北京四个地区，建筑业增加值占地区生产总值的比重分别为 1.86%、3.01%、4.20% 和 4.27%。

2.2 建筑业企业基本情况

2.2.1 企业单位数

2020 年各地区建筑业企业单位数如图 2-4 所示。

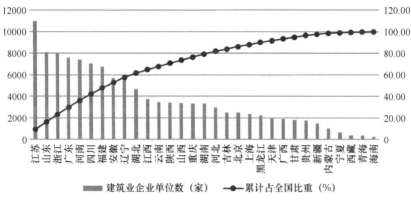

图 2-4　2020 年各地区建筑业企业单位数
资料来源：国家统计局《国家数据》

江苏、山东、浙江、广东、河南的建筑业企业单位数居全国前五位，分别为 11000 家、8081 家、8004 家、7587 家和 7413 家，建筑业企业单位数占全国的比重分别为 9.42%、6.92%、6.86%、6.50% 和 6.35%；海南、青海、西藏、宁夏和内蒙古的建筑业企业单位数居全国后五位，分别为 250 家、383 家、402 家、654 家和 1014 家，建筑业企业单位数占全国的比重分别为 0.21%、0.33%、0.34%、0.56% 和 0.87%。

与 2019 年相比，26 个地区的建筑业企业单位数增加，5 个地区的建筑业企业单位数减少（参见图 2-5）。增长率居全国前五位的是西藏、安徽、贵州、四川和江西，分别增长了 44.60%、28.03%、22.15%、21.30% 和 21.20%；增长率居全国后五位的是北京、上海、青海、宁夏和内蒙古，分别下降了 7.09%、2.95%、1.54%、1.21% 和 1.17%。

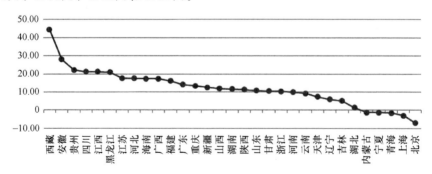

图 2-5　2020 年各地区建筑业企业单位数的增长情况（%）
资料来源：国家统计局《国家数据》

2.2.2 从业人员数

2020年各地区建筑业从业人员数如图2-6所示。

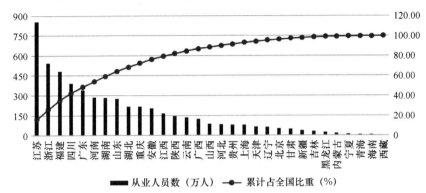

图2-6　2020年各地区建筑业从业人员数

资料来源：国家统计局《国家数据》

江苏、浙江、福建、四川、广东的建筑业从业人员数居全国前五位，分别为855万人、543.33万人、483.18万人、393.33万人和341.69万人，建筑业企业从业人员数占全国的比重分别为15.93%、10.12%、9.00%、7.33%和6.37%；西藏、海南、青海、宁夏和内蒙古的建筑业从业人员数居全国后五位，分别为5.24万人、7.18万人、7.22万人、12.06万人和18.02万人，建筑业从业人员数占全国的比重分别为0.10%、0.13%、0.13%、0.22%和0.34%。

与2019年相比，11个地区的建筑业从业人员数增加，20个地区的建筑业从业人员数减少（参见图2-7）。增长率居全国前五位的是四川、西藏、山西、宁夏和江苏，分别增长了11.95%、10.32%、7.96%、7.20%和6.75%；增长率居全国后五位的是天津、吉林、黑龙江、内蒙古和山东，分别下降了18.61%、

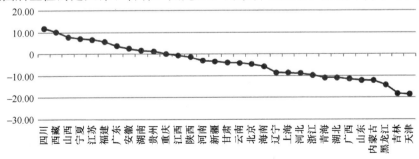

图2-7　2020年各地区建筑业从业人员数的增长情况（%）

资料来源：国家统计局《国家数据》

18.18%、14.19%、12.18%和12.07%。

2.2.3 按总产值计算的劳动生产率

2020年各地区建筑业按总产值计算的劳动生产率如图2-8所示。

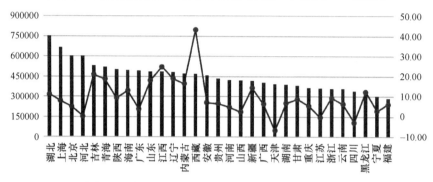

图2-8 2020年各地区建筑业按总产值计算的劳动生产率
资料来源：国家统计局《国家数据》

湖北、上海、北京、河北、吉林按建筑业总产值计算的劳动生产率居全国前五位，分别为752086元/人、667640元/人、604213元/人、604025元/人和532402元/人；福建、宁夏、黑龙江、四川、云南按建筑业总产值计算的劳动生产率居全国后五位，分别为286101元/人、302575元/人、341327元/人、342207元/人和358947元/人。

与2019年相比，28个地区按建筑业总产值计算的劳动生产率增加，3个地区按建筑业总产值计算的劳动生产率减少。增长率居全国前五位的是西藏、江西、吉林、辽宁和青海，分别增长了43.04%、24.85%、20.98%、18.98%和18.77%；增长率居全国后五位的是天津、四川、江苏、河北和山西，天津、四川、江苏分别下降了6.78%、2.78%和0.27%，河北和山西分别增长了0.19%和2.39%。

2.3 建筑业总产值及其构成

2.3.1 建筑业总产值

2020年各地区完成的建筑业总产值如图2-9所示。

江苏、浙江、广东、湖北、四川完成的建筑业总产值居全国前五位，分别为

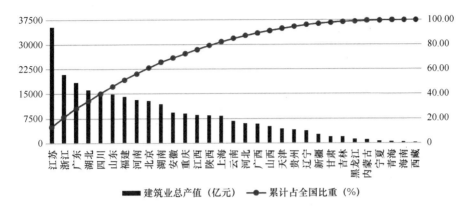

图 2-9　2020 年各地区建筑业总产值
资料来源：国家统计局《国家数据》

35251.64 亿元、20938.61 亿元、18429.71 亿元、16136.1 亿元、15612.7 亿元，完成的建筑业总产值占全国的比重分别为 13.36%、7.93%、6.98%、6.11%、5.92%；西藏、海南、青海、宁夏、内蒙古完成的建筑业总产值居全国后五位，分别为 294.74 亿元、391.37 亿元、512.24 亿元、641.81 亿元、1134.44 亿元，完成的建筑业总产值占全国的比重分别为 0.11%、0.15%、0.19%、0.24%、0.43%。

与 2019 年相比，30 个地区完成的建筑业总产值增加，1 个地区完成的建筑业总产值减少（参见图 2-10）。增长率居全国前五位的是西藏、新疆、青海、广东、安徽，分别增长了 33.78%、18.21%、11.18%、10.80%、10.14%；增长率居全国后五位的是湖北、河北、黑龙江、浙江、河南，湖北下降了 4.97%，河北、黑龙江、浙江、河南分别增长了 1.71%、2.12%、2.69%、3.31%。

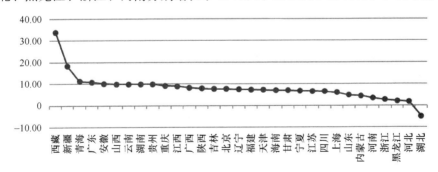

图 2-10　2020 年各地区建筑业总产值的增长情况（%）
资料来源：国家统计局《国家数据》

2.3.2 建筑业总产值构成

2.3.2.1 建筑工程产值

2020 年各地区完成的建筑工程产值情况如图 2-11 所示。

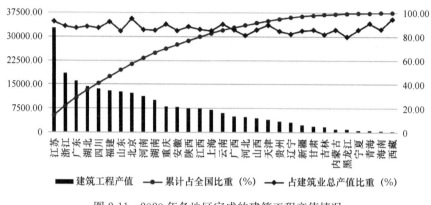

图 2-11 2020 年各地区完成的建筑工程产值情况
资料来源：国家统计局《国家数据》

建筑工程产值占建筑业总产值的比重超过 90% 的有北京、西藏、江苏、福建、青海、云南、重庆 7 个地区，低于 85% 的有黑龙江、河北、吉林、辽宁、贵州、山东、新疆、上海 8 个地区。

江苏、浙江、广东、湖北、四川完成的建筑工程产值居全国前五位，分别为 32678.89 亿元、18576.23 亿元、16086.68 亿元、14292.20 亿元、13607.38 亿元，建筑工程产值占全国的比重分别为 14.04%、7.98%、6.91%、6.14%、5.85%；西藏、海南、青海、宁夏、黑龙江完成的建筑工程产值居全国后五位，分别为 279.41 亿元、336.56 亿元、466.10 亿元、549.49 亿元、962.23 亿元，建筑工程产值占全国的比重分别为 0.12%、0.14%、0.20%、0.24%、0.41%。

与 2019 年相比，30 个地区完成的建筑工程产值增加，1 个地区完成的建筑工程产值减少（参见图 2-12）。增长率居全国前五位的是西藏、青海、新疆、广东、安徽，分别增长了 35.20%、20.72%、19.72%、12.38%、10.56%；增长率居全国后五位的是湖北、河北、宁夏、河南、浙江，湖北下降了 4.47%，河北、宁夏、河南、浙江分别增长了 1.37%、2.11%、2.24%、2.99%。

2.3.2.2 安装工程产值

2020 年各地区完成的安装工程产值情况如图 2-13 所示。

安装工程产值占建筑业总产值比重超过 10% 的有黑龙江、辽宁、山东、河北、上海、宁夏、吉林、甘肃、山西 9 个地区，低于 5% 的有西藏、北京 2 个地区。

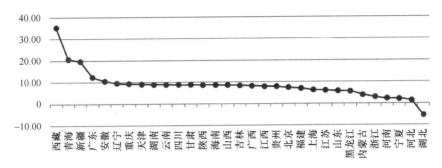

图 2-12　2020 年各地区建筑工程产值的增长情况（%）

资料来源：国家统计局《国家数据》

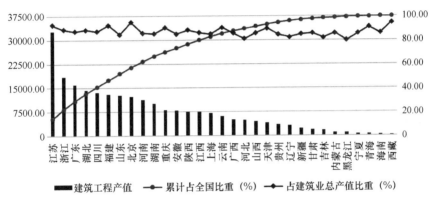

图 2-13　2020 年各地区完成的安装工程产值情况

资料来源：国家统计局《国家数据》

江苏、山东、浙江、广东、四川完成的安装工程产值居全国前五位，分别为 2180.77 亿元、1957.44 亿元、1874.16 亿元、1768.49 亿元、1323.4 亿元，安装工程产值占全国的比重分别为 9.88%、8.86%、8.49%、8.01%、5.99%；西藏、青海、海南、内蒙古、宁夏完成的安装工程产值居全国后五位，分别为 7.81 亿元、35.89 亿元、36.89 亿元、60.97 亿元、77.51 亿元，安装工程产值占全国的比重分别为 0.04%、0.16%、0.17%、0.28%、0.35%。

与 2019 年相比，20 个地区完成的安装工程产值增加，11 个地区完成的安装工程产值减少（参见图 2-14）。增长率居全国前五位的是宁夏、贵州、新疆、江西、山西，分别增长了 51.24%、23.82%、16.77%、16.71%、14.68%；增长率居全国后五位的是青海、黑龙江、西藏、内蒙古、河北，分别下降了 35.59%、15.85%、11.95%、9.35%、8.98%。

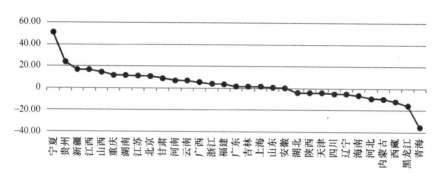

图 2-14 2020 年各地区安装工程产值的增长情况（%）
资料来源：国家统计局《国家数据》

2.3.2.3 其他产值

2020 年各地区完成的其他产值情况如图 2-15 所示。

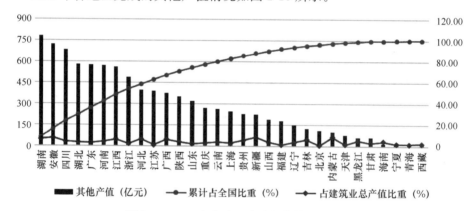

图 2-15 2020 年各地区完成的其他产值情况
资料来源：国家统计局《国家数据》

其他产值占建筑业总产值的比重超过 7% 的有内蒙古、新疆、安徽 3 个地区，低于 2% 的有北京、江苏、福建、天津 4 个地区。

湖南、安徽、四川、湖北、广东完成的其他产值居全国前五位，分别为 780.48 亿元、722.33 亿元、681.92 亿元、578.5 亿元、574.67 亿元，其他产值占全国的比重分别为 8.53%、7.89%、7.45%、6.32%、6.28%；西藏、青海、宁夏、海南、甘肃完成的其他产值居全国后五位，分别为 7.52 亿元、10.25 亿元、14.82 亿元、17.92 亿元、63.83 亿元，其他产值占全国的比重分别为 0.08%、0.11%、0.16%、0.20%、0.69%。

与 2019 年相比，24 个地区完成的其他产值增加，7 个地区完成的其他产值减少（参见图 2-16）。增长率居全国前五位的是西藏、福建、云南、河北、山西,分别增长了57.65%、52.83%、42.68%、36.77%、31.56%;增长率居全国后五位的是青海、甘肃、天津、四川、浙江,分别下降了45.77%、30.96%、22.54%、13.16%、11.53%。

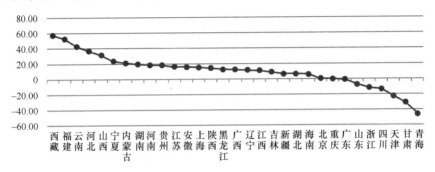

图2-16 2020年各地区安装工程产值的增长情况(%)
资料来源:国家统计局《国家数据》

2.3.3 建筑业总产值的行业构成

2.3.3.1 房屋建筑业完成的建筑业总产值

2020年各地区房屋建筑业完成的建筑业总产值情况如图2-17所示。

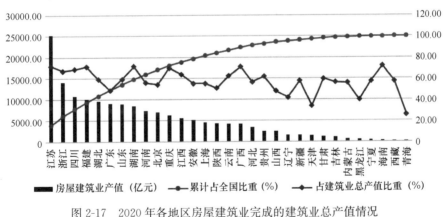

图2-17 2020年各地区房屋建筑业完成的建筑业总产值情况
资料来源:国家统计局《国家数据》

房屋建筑业完成的建筑业总产值占建筑业总产值的比重超过70%的有海南、江苏、湖南、福建、广西5个地区,低于50%的有青海、天津、黑龙江、辽宁、山西、广东6个地区。

江苏、浙江、四川、福建、湖北房屋建筑业完成的建筑业总产值居全国前五位,分别为25296.90亿元、14051.10亿元、10716.98亿元、10063.43亿元、

9558.65亿元,房屋建筑业完成的建筑业总产值占全国的比重分别为15.63%、8.68%、6.62%、6.22%、5.90%;青海、西藏、海南、宁夏、黑龙江房屋建筑业完成的建筑业总产值居全国后五位,分别为131.76亿元、168.47亿元、281.25亿元、368.68亿元、478.70亿元,房屋建筑业完成的建筑业总产值占全国的比重分别为0.08%、0.10%、0.17%、0.23%、0.30%。

与2019年相比,28个地区房屋建筑业完成的建筑业总产值增加,3个地区房屋建筑业完成的建筑业总产值减少(参见图2-18)。增长率居全国前五位的是西藏、新疆、北京、山西、广东,分别增长了37.52%、18.37%、12.79%、12.77%、11.62%;增长率位居全国后五位的是湖北、河北、黑龙江、宁夏、海南,其中,湖北、河北、黑龙江分别下降了8.73%、4.27%、3.56%,宁夏、海南分别增长了0.92%、1.30%。

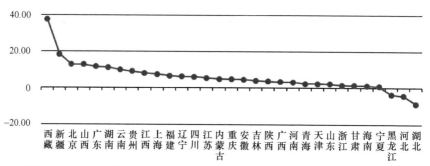

图2-18 2020年各地区房屋建筑业完成的建筑业总产值的增长情况(%)

资料来源:国家统计局《2021中国统计年鉴》《国家数据》

2.3.3.2 土木工程建筑业完成的建筑业总产值

2020年各地区土木工程建筑业完成的建筑业总产值情况如图2-19所示。

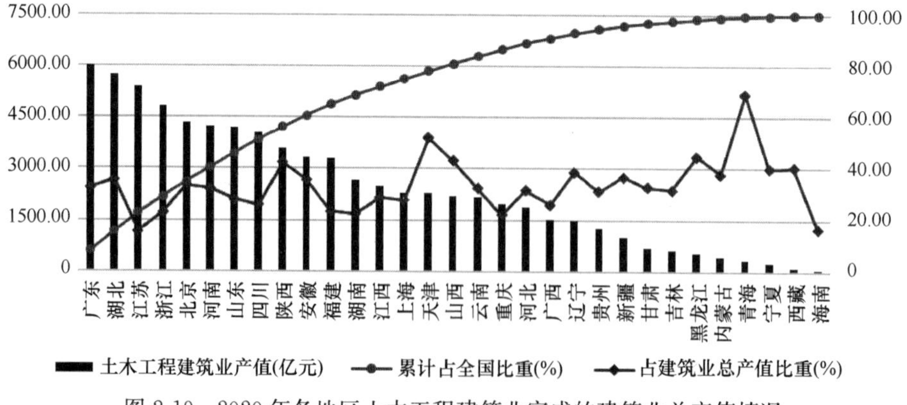

图2-19 2020年各地区土木工程建筑业完成的建筑业总产值情况

资料来源:国家统计局《国家数据》

土木工程建筑业完成的建筑业总产值占建筑业总产值的比重超过40%的有青海、天津、黑龙江、山西、陕西、西藏、宁夏7个地区，低于20%的有江苏、海南2个地区。

广东、湖北、江苏、浙江、北京土木工程建筑业完成的建筑业总产值居全国前五位，分别为5993.56亿元、5749.40亿元、5412.16亿元、4828.79亿元、4342.25亿元，土木工程建筑业完成的建筑业总产值占全国的比重分别为7.95%、7.63%、7.18%、6.41%、5.76%；海南、西藏、宁夏、青海、内蒙古土木工程建筑业完成的建筑业总产值居全国后五位，分别为64.95亿元、119.13亿元、256.89亿元、353.43亿元、4431.35亿元，土木工程建筑业完成的建筑业总产值占全国的比重分别为0.09%、0.16%、0.34%、0.47%、0.57%。

与2019年相比，全国各地区土木工程建筑业完成的建筑业总产值均有增加（参见图2-20）。增长率居全国前五位的是海南、西藏、广西、重庆、安徽，分别增长了64.42%、28.44%、24.34%、20.33%、19.91%；增长率居全国后五位的是湖南、山西、湖北、黑龙江、河南，分别增长了3.80%、4.80%、4.90%、5.12%、5.69%。

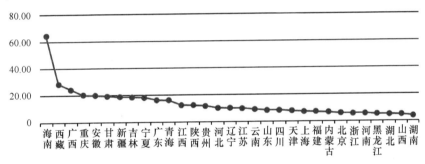

图2-20　2020年各地区土木工程建筑业完成的建筑业总产值的增长情况（%）

资料来源：国家统计局《2021中国统计年鉴》《国家数据》

2.3.3.3　建筑安装业完成的建筑业总产值

2020年各地区建筑安装业完成的建筑业总产值情况如图2-21所示。

建筑安装业完成的建筑业总产值占建筑业总产值的比重超过7%的有黑龙江、辽宁、河北、天津、吉林、山东、上海、江苏、广东9个地区，低于2%的有西藏、广西、宁夏3个地区。

江苏、广东、山东、浙江、河南建筑安装业完成的建筑业总产值居全国前五位，分别为2478.17亿元、1294.29亿元、1180.32亿元、921.28亿元、809.48亿元，建筑安装业完成的建筑业总产值占全国的比重分别为17.63%、9.21%、8.40%、6.55%、5.76%；西藏、宁夏、青海、海南、内蒙古建筑安装业完成的建筑业总产值居全国后五位，分别为1.53亿元、21.96亿元、23.64亿元、

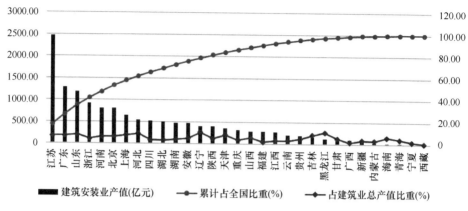

图 2-21　2020 年各地区建筑安装业完成的建筑业总产值情况
资料来源：国家统计局《国家数据》

35.75 亿元、95.06 元，建筑安装业完成的建筑业总产值占全国的比重分别为 0.01%、0.09%、0.16%、0.17%、0.25%。

与 2019 年相比，21 个地区建筑安装业完成的建筑业总产值增加，10 个地区建筑安装业完成的建筑业总产值减少（参见图 2-22）。增长率居全国前五位的是山西、云南、湖南、山东、新疆，分别增长了 23.83%、21.73%、20.95%、19.60%、15.81%；增长率居全国后五位的是湖北、宁夏、海南、广西、海南，分别下降了 17.37%、15.40%、12.99%、12.07%、6.23%。

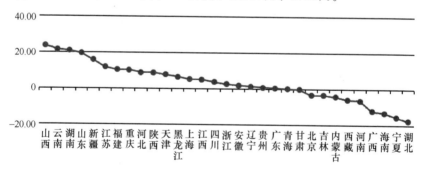

图 2-22　2020 年各地区建筑安装业完成的建筑业总产值的增长情况（%）
资料来源：国家统计局《2021 中国统计年鉴》《国家数据》

2.3.3.4　建筑装饰、装修和其他建筑业完成的建筑业总产值

2020 年各地区建筑装饰、装修和其他建筑业完成的建筑业总产值情况如图 2-23 所示。

建筑装饰、装修和其他建筑业完成的建筑业总产值占建筑业总产值的比重超过 5% 的有广东、上海、辽宁、天津、河南、北京、江苏、海南 8 个地区，低于

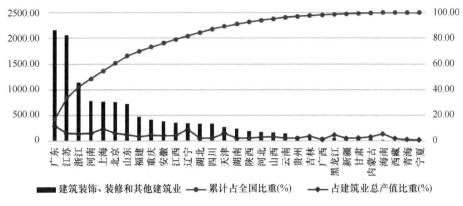

图 2-23 2020 年各地区建筑装饰、装修和其他建筑业完成的建筑业总产值情况

资料来源：国家统计局《国家数据》

2%的有宁夏、青海、广西、西藏、新疆 5 个地区。

广东、江苏、浙江、河南、上海建筑装饰、装修和其他建筑业完成的建筑业总产值居全国前五位，分别为 2152.56 亿元、2064.42 亿元、1137.43 亿元、778.62 亿元、767.09 亿元，建筑装饰、装修和其他建筑业完成的建筑业总产值占全国的比重分别为 17.02%、16.32%、8.99%、6.16%、6.06%；宁夏、青海、西藏、海南、内蒙古建筑装饰、装修和其他建筑业完成的建筑业总产值居全国后五位，分别为 4.00 亿元、5.11 亿元、5.62 亿元、21.54 亿元、35.43 亿元，建筑装饰、装修和其他建筑业完成的建筑业总产值占全国的比重分别为 0.03%、0.04%、0.04%、0.17%、0.28%。

与 2019 年相比，22 个地区建筑装饰、装修和其他建筑业完成的建筑业总产值增加，9 个地区建筑装饰、装修和其他建筑业完成的建筑业总产值减少（参见图 2-24）。增长率居全国前五位的是西藏、广西、天津、重庆、贵州，分别增长了 63.71%、

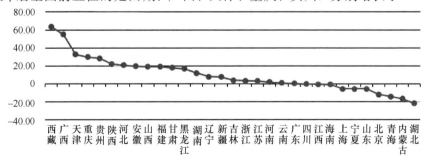

图 2-24 2020 年各地区建筑装饰、装修和其他建筑业完成的
建筑业总产值的增长情况（%）

资料来源：国家统计局《2021 中国统计年鉴》《国家数据》

55.07%、32.99%、30.03%、28.64%；增长率位居全国后五位的是湖北、内蒙古、青海、北京、山东，分别下降了21.83%、16.76%、13.95%、11.76%、5.54%。

2.3.4 在外省完成的产值及外向度

2020年各地区在外省完成的产值如图2-25所示。

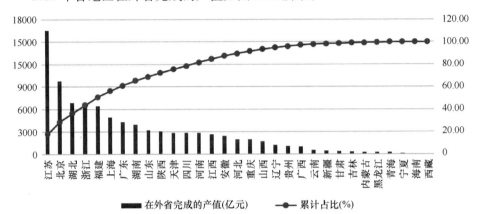

图2-25 2020年各地区在外省完成的产值

资料来源：国家统计局《国家数据》

江苏、北京、湖北、浙江、福建在外省完成的产值居全国前五位，分别为16538.26亿元、9771.73亿元、6871.19亿元、6742.16亿元、6446.89亿元，在外省完成产值占全国的比重分别为18.16%、10.73%、7.54%、7.40%、7.08%；西藏、海南、宁夏、青海、黑龙江在外省完成的产值居全国后五位，分别为8.24亿元、18亿元、99.74亿元、232.16亿元、245.48亿元，在外省完成的总产值占全国的比重分别为0.01%、0.02%、0.11%、0.25%、0.27%。

2020年各地区建筑业的外向度（在外省完成的产值与建筑业总产值之比）如图2-26所示。北京、天津、上海、江苏、福建的外向度居全国前五位，分别

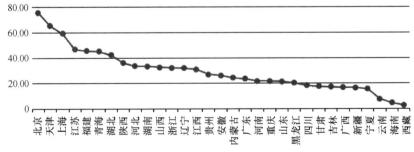

图2-26 2020年各地区建筑业的外向度（%）

资料来源：国家统计局《国家数据》

为 75.72%、65.52%、59.39%、46.91%、45.66%；西藏、海南、云南、宁夏、新疆的外向度居全国后五位，分别为 2.81%、4.60%、7.59%、15.54%、16.44%。

2.4 签订合同和承包工程完成情况

2.4.1 签订合同情况

2.4.1.1 签订合同总额

2020 年各地区签订合同总额的情况如图 2-27 所示。

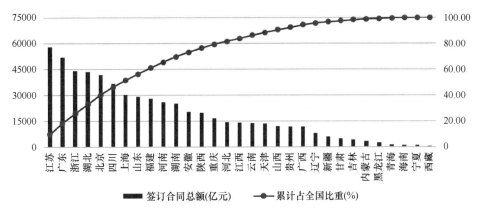

图 2-27 2020 年各地区签订合同总额情况

资料来源：国家统计局《国家数据》

江苏、广东、浙江、湖北、北京签订合同总额居全国前五位，分别为 58050.38 亿元、51972.58 亿元、44207.25 亿元、43592.36 亿元、41820.6 亿元，签订合同总额占全国的比重分别为 9.75%、8.73%、7.42%、7.32%、7.02%；西藏、宁夏、海南、青海、黑龙江签订合同总额居全国后五位，分别为 652.22 亿元、1082.11 亿元、1086.42 亿元、1437.34 亿元、2586.47 亿元，签订合同总额占全国的比重分别为 0.11%、0.18%、0.18%、0.24%、0.43%。

与 2019 年相比，全国各地区签订的合同总额均有增长（参见图 2-28），其中，增长率位居全国前五位的是西藏、安徽、内蒙古、贵州、新疆，分别增长了 32.27%、22.13%、18.73%、17.53%、17.44%；增长率位居全国后五位的是黑龙江、天津、湖南、云南、甘肃，分别增长了 1.84%、1.94%、2.41%、4.19%、4.25%。

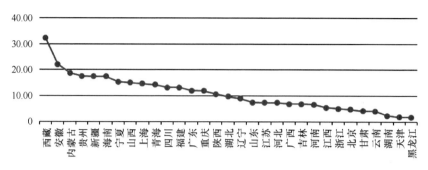

图 2-28　2020 年各地区签订合同总额的增长情况（%）
资料来源：国家统计局《国家数据》

2.4.1.2　本年新签合同额

2020 年各地区本年新签合同额的情况如图 2-29 所示。

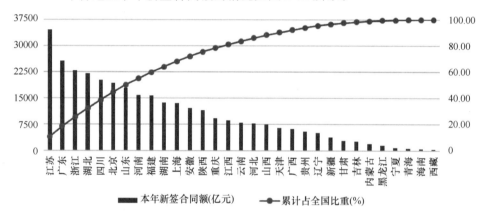

图 2-29　2020 年各地区本年新签合同额情况
资料来源：国家统计局《国家数据》

江苏、广东、浙江、湖北、四川本年新签合同额居全国前五位，分别为 34603.86 亿元、25699.2 亿元、22948.87 亿元、22055.89 亿元、20158.96 亿元，本年新签合同额占全国的比重分别为 10.64%、7.90%、7.06%、6.78%、6.20%；西藏、海南、青海、宁夏、黑龙江本年新签合同额居全国后五位，分别为 335.43 亿元、531.59 亿元、645.37 亿元、749.27 亿元、1501.24 亿元，本年新签合同额占全国的比重分别为 0.10%、0.16%、0.20%、0.23%、0.46%。

与 2019 年相比，本年新签合同额除甘肃出现下降外，其他地区均有增长（参见图 2-30）。增长率位居全国前五位的是新疆、安徽、西藏、宁夏、辽宁，分别增长了 38.97%、35.62%、33.27%、21.36%、21.16%；增长率位居全国后五位的是甘肃、广西、浙江、云南、天津，其中甘肃下降了 1.78%，广西、

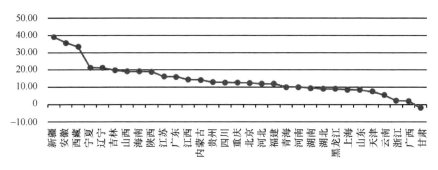

图 2-30　2020 年各地区本年新签合同额的增长情况（%）

资料来源：国家统计局《国家数据》

浙江、云南、天津分别增长了 2.16%、2.26%、5.55%、7.67%。

2.4.2　承包工程完成情况

2.4.2.1　直接从建设单位承揽工程完成的产值

2020 年各地区直接从建设单位承揽工程完成的产值情况如图 2-31 所示。

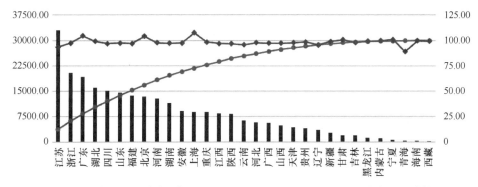

图 2-31　2020 年各地区直接从建设单位承揽工程完成的产值情况

资料来源：国家统计局《2021 中国统计年鉴》

直接从建设单位承揽工程完成的产值占建筑业总产值的比重超过 100% 的有上海、广东、北京、宁夏、甘肃 5 个地区，低于 95% 的有青海、江苏 2 个地区。

江苏、浙江、广东、湖北、四川直接从建设单位承揽工程完成的产值居全国前五位，分别为 33004.75 亿元、20413.58 亿元、19288.35 亿元、16000.91 亿元、15129.95 亿元，直接从建设单位承揽工程完成的产值占全国的比重分别为 12.74%、7.88%、7.44%、6.18%、5.84%；西藏、海南、青海、宁夏、内蒙古直接从建设单位承揽工程完成的产值居全国后五位，分别为 292.76 亿元、

390.69亿元、455.89亿元、647.18亿元、1130.48亿元，直接从建设单位承揽工程完成的产值占全国的比重分别为0.11%、0.15%、0.18%、0.25%、0.44%。

与2019年相比，29个地区直接从建设单位承揽工程完成的产值增加，2个地区直接从建设单位承揽工程完成的产值减少（参见图2-32）。增长率居全国前五位的是西藏、新疆、广东、贵州、上海，分别增长了31.21%、17.44%、10.68%、9.62%、9.59%；增长率居全国后五位的是湖北、甘肃、黑龙江、河北、浙江，其中，湖北、甘肃分别下降了5.07%、0.10%，黑龙江、河北、浙江分别增长了0.43%、0.99%、2.59%。

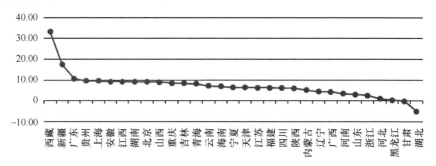

图2-32 2020年各地区直接从建设单位承揽工程完成的产值增长情况（%）

资料来源：国家统计局《2021中国统计年鉴》《国家数据》

2.4.2.2 自行完成的施工产值

2020年各地区自行完成的施工产值情况如图2-33所示。

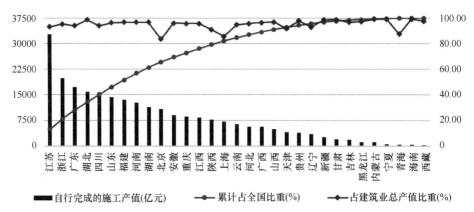

图2-33 2020年各地区自行完成的施工产值情况

资料来源：国家统计局《2021中国统计年鉴》

自行完成的施工产值占建筑业总产值的比重超过98%的有海南、宁夏、内蒙古、甘肃、新疆、湖北6个地区，低于90%的有北京、上海、青海3个地区。

江苏、浙江、广东、湖北、四川自行完成的施工产值居全国前五位,分别为32827.61亿元、19944.41亿元、17320.90亿元、15909.23亿元、14668.51亿元,自行完成的施工产值占全国的比重分别为13.17%、8.00%、6.95%、6.38%、5.89%;西藏、海南、青海、宁夏、内蒙古自行完成的施工产值居全国后五位,分别为287.48亿元、388.54亿元、447.46亿元、636.17亿元、1124.07亿元,自行完成的施工产值占全国的比重分别为0.12%、0.16%、0.18%、0.26%、0.45%。

与2019年相比,29个地区自行完成的施工产值增加,2个地区自行完成的施工产值减少(参见图2-34)。增长率居全国前五位的是西藏、新疆、广东、贵州、湖南,分别增长了33.58%、17.90%、10.14%、9.76%、9.43%;增长率居全国后五位的是湖北、黑龙江、河北、上海、浙江,其中,湖北、黑龙江分别下降了4.63%、0.06%,河北、上海、浙江分别增长了0.85%、2.46%、2.55%。

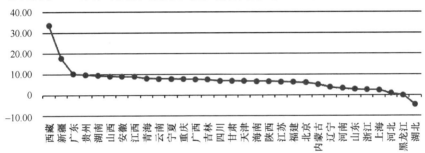

图 2-34 2020 年各地区自行完成的施工产值增长情况(%)
资料来源:国家统计局《2021 中国统计年鉴》《国家数据》

2.4.2.3 分包出去工程的产值

2020 年各地区分包出去工程的产值情况如图 2-35 所示。

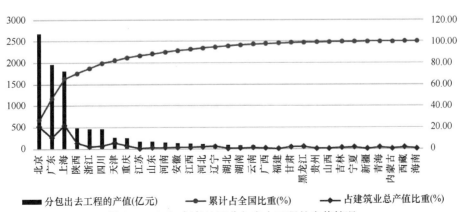

图 2-35 2020 年各地区分包出去工程的产值情况
资料来源:国家统计局《2021 中国统计年鉴》

分包出去工程的产值占建筑业总产值的比重超过10%的有上海、北京、广东3个地区，低于1%的有福建、新疆、山西、江苏、海南、内蒙古、湖北、贵州、湖南、广西10个地区。

北京、广东、上海、陕西、浙江分包出去工程的产值居全国前五位，分别为2683.12亿元、1967.46亿元、1818.48亿元、490.85亿元、469.17亿元，分包出去工程的产值占全国的比重分别为27.08%、19.86%、18.36%、4.95%、4.74%；海南、西藏、内蒙古、青海、新疆分包出去工程的产值居全国后五位，分别为2.15亿元、5.27亿元、6.41亿元、8.43亿元、10.80亿元，分包出去工程的产值占全国的比重分别为0.02%、0.05%、0.06%、0.09%、0.11%。

与2019年相比，20个地区分包出去工程的产值增加，11个地区分包出去工程的产值减少（参见图2-36）。增长率居全国前五位的是吉林、海南、上海、山东、重庆，分别增长了257.53%、82.61%、50.36%、49.37%、42.93%；增长率居全国后五位的是广西、甘肃、湖北、新疆、宁夏，分别下降了77.31%、77.27%、46.85%、40.08%、38.41%。

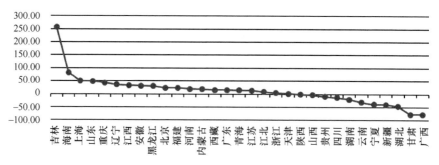

图2-36　2020年各地区分包出去工程的产值增长情况（%）
资料来源：国家统计局《2021中国统计年鉴》《国家数据》

2.4.2.4　从建设单位以外承揽工程完成的产值

2020年各地区从建设单位以外承揽工程完成的产值情况如图2-37所示。

从建设单位以外承揽工程完成的产值占建筑业总产值的比重超过10%的有北京、上海、青海3个地区，低于2%的有海南、宁夏、内蒙古、甘肃、新疆、湖北6个地区。

江苏、北京、上海、广东、浙江从建设单位以外承揽工程完成的产值居全国前五位，分别为2424.03亿元、2153.31亿元、1190.20亿元、1108.95亿元、994.20亿元，从建设单位以外承揽工程完成的产值占全国的比重分别为16.44%、14.60%、8.07%、7.52%、6.74%；海南、宁夏、西藏、内蒙古、甘肃从建设单位以外承揽工程完成的产值居全国后五位，分别为2.83亿元、5.64

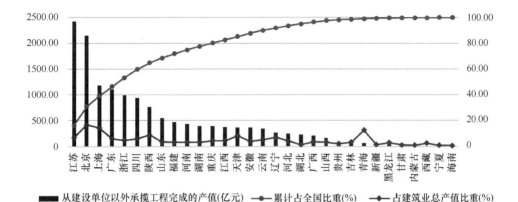

图 2-37 2020年各地区从建设单位以外承揽工程完成的产值情况
资料来源:国家统计局《2021中国统计年鉴》

亿元、7.26亿元、10.38亿元、24.65亿元,从建设单位以外承揽工程完成的产值占全国的比重分别为0.02%、0.04%、0.05%、0.07%、0.17%。

与2019年相比,28个地区从建设单位以外承揽工程完成的产值增加,3个地区从建设单位以外承揽工程完成的产值减少(参见图2-38)。增长率居全国前五位的是黑龙江、山东、辽宁、海南、云南,分别增长了299.85%、110.94%、97.50%、87.66%、66.30%;增长率居全国后五位的是宁夏、内蒙古、湖北、四川、河南,宁夏、内蒙古、湖北分别下降了50.27%、37.01%、23.68%,四川、河南分别增长了0.42%、3.75%。

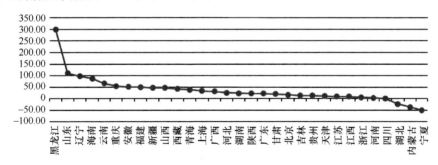

图 2-38 2020年各地区从建设单位以外承揽工程完成产值增长情况(%)
资料来源:国家统计局《2021中国统计年鉴》《国家数据》

2.5 建筑业企业资产情况

2.5.1 资产总计

2020年各地区建筑业企业资产总计如图2-39所示。

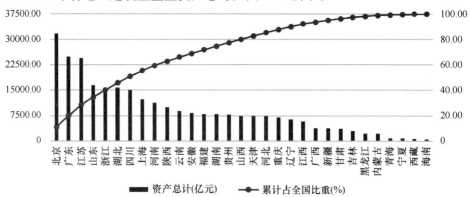

图2-39 2020年各地区建筑业企业资产总计
资料来源：国家统计局《国家数据》

北京、广东、江苏、山东、浙江建筑业企业的资产总计居全国前五位，分别为31753.26亿元、25019.69亿元、24486.03亿元、16535.04亿元、15846.00亿元，资产总计占全国的比重分别为11.22%、8.84%、8.65%、5.84%、5.60%；海南、西藏、宁夏、青海、内蒙古的资产总计居全国后五位，分别为485.50亿元、760.18亿元、800.28亿元、809.33亿元、2287.51亿元，资产总计占全国的比重分别为0.17%、0.27%、0.28%、0.29%、0.81%。

与2019年相比，30个地区资产总计增加，1个地区资产总计减少（参见图2-40）。增长率居全国前五位的是西藏、云南、贵州、广西、陕西，分别增长

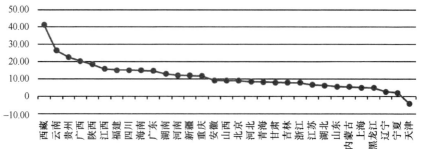

图2-40 2020年各地区资产总计的增长情况（%）
资料来源：国家统计局《国家数据》

了 41.37%、26.53%、22.63%、20.48%、18.46%；增长率居全国后五位的是天津、宁夏、辽宁、黑龙江、上海，天津下降了 4.27%，宁夏、辽宁、黑龙江、上海分别增长了 2.12%、2.71%、4.86%、5.07%。

2.5.2 资产的构成

2.5.2.1 流动资产

2020 年各地区建筑业企业流动资产情况如图 2-41 所示。

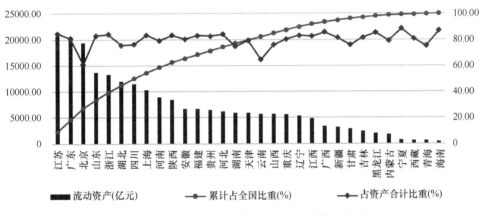

图 2-41 2020 年各地区建筑业企业流动资产情况

资料来源：国家统计局《2021 中国统计年鉴》

流动资产占资产合计的比重超过 85% 的有宁夏、海南、广西、黑龙江 4 个地区，低于 75% 的有北京、云南 2 个地区。

江苏、广东、北京、山东、浙江建筑业企业流动资产居全国前五位，分别为 20741.69 亿元、20271.08 亿元、19367.62 亿元、13750.15 亿元、13333.48 亿元，流动资产占全国的比重分别为 9.36%、9.14%、8.74%、6.20%、6.01%；海南、青海、西藏、宁夏、内蒙古建筑业企业流动资产居全国后五位，分别为 421.38 亿元、607.56 亿元、613.62 亿元、704.44 亿元、1813.18 亿元，流动资产占全国的比重分别为 0.19%、0.27%、0.28%、0.32%、0.82%。

与 2019 年相比，30 个地区建筑业企业流动资产增加，1 个地区建筑业企业流动资产减少（参见图 2-42）。增长率居全国前五位的是西藏、广西、贵州、陕西、江西，分别增长了 48.83%、28.79%、25.97%、19.26%、17.07%；增长率居全国后五位的是天津、宁夏、辽宁、湖北、内蒙古，其中，天津下降了 2.74%，宁夏、辽宁、湖北、内蒙古分别增长了 2.17%、2.72%、4.59%、5.08%。

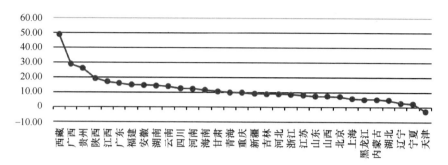

图 2-42 2020 年各地区建筑业企业流动资产增长情况（%）
资料来源：国家统计局《2021 中国统计年鉴》《国家数据》

2.5.2.2 固定资产

2020 年各地区建筑业企业固定资产情况如图 2-43 所示。

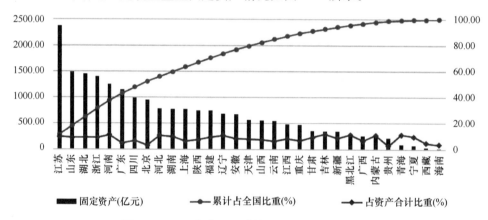

图 2-43 2020 年各地区建筑业企业固定资产情况
资料来源：国家统计局《2021 中国统计年鉴》

固定资产占资产合计的比重超过 10% 的有吉林、青海、黑龙江、河南、内蒙古、河北、辽宁 7 个地区，低于 7.5% 的有贵州、北京、海南、广东、西藏 5 个地区。

江苏、山东、湖北、浙江、河南建筑业企业固定资产居全国前五位，分别为 2374.22 亿元、1491.44 亿元、1450.06 亿元、1404.53 亿元、1252.43 亿元，固定资产占全国的比重分别为 11.21%、7.04%、6.85%、6.63%、5.92%；海南、西藏、宁夏、青海、贵州建筑业企业固定资产居全国后五位，分别为 17.45 亿元、37.30 亿元、77.73 亿元、90.76 亿元、219.48 亿元，固定资产占全国的比重分别为 0.08%、0.18%、0.37%、0.43%、1.04%。

与 2019 年相比，21 个地区建筑业企业固定资产增加，10 个地区建筑业企业固定资产减少（参见图 2-44）。增长率居全国前五位的是吉林、海南、贵州、新疆、福建，分别增长了 28.61%、17.57%、10.33%、7.90%、7.25%；增长率居全国后五位的是天津、青海、湖北、黑龙江、上海，分别下降了 18.03%、10.05%、3.79%、3.30%、2.35%。

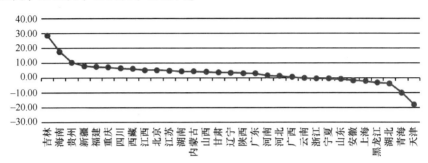

图 2-44 2020 年各地区建筑业企业固定资产增长情况（%）

资料来源：国家统计局《2021 中国统计年鉴》《国家数据》

2.5.2.3 在建工程

2020 年各地区建筑业企业在建工程情况如图 2-45 所示。

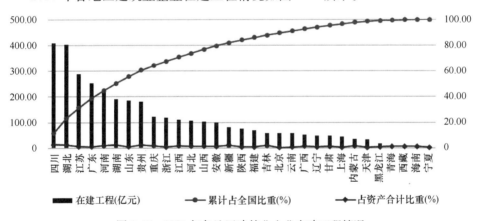

图 2-45 2020 年各地区建筑业企业在建工程情况

资料来源：国家统计局《2021 中国统计年鉴》

在建工程占资产合计的比重超过 2% 的有四川、湖北、湖南、贵州、新疆 5 个地区，低于 1% 的有北京、上海、天津、宁夏、云南、陕西、黑龙江、浙江、辽宁、福建 10 个地区。

四川、湖北、江苏、广东、河南建筑业企业在建工程居全国前五位，分别为 409.45 亿元、404.54 亿元、288.59 亿元、253.90 亿元、217.76 亿元，在建工程占全国的比重分别为 11.68%、11.54%、8.23%、7.24%、6.21%；宁夏、海南、西藏、青海、黑龙江建筑业企业在建工程居全国后五位，分别为 3.94 亿元、5.50亿元、9.21亿元、10.15亿元、17.25亿元，在建工程占全国的比重分别为0.11%、0.16%、0.26%、0.29%、0.49%。

与2019年相比，21个地区建筑业企业在建工程增加，10个地区建筑业企业在建工程减少（参见图2-46）。增长率居全国前五位的是青海、四川、重庆、海南、广东，分别增长了111.52%、91.39%、84.92%、77.91%、54.92%；增长率居全国后五位的是陕西、吉林、云南、安徽、天津，分别下降了76.20%、54.57%、37.24%、35.15%、30.14%。

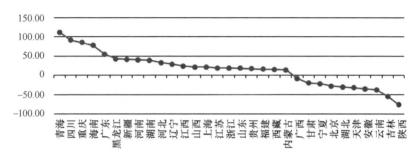

图2-46　2020年各地区建筑业企业在建工程增长情况（%）
资料来源：国家统计局《2021中国统计年鉴》《国家数据》

2.6　建筑业企业负债及所有者权益

2.6.1　负债合计及其构成

2.6.1.1　负债合计

2020年各地区建筑业企业负债合计如图2-47所示。

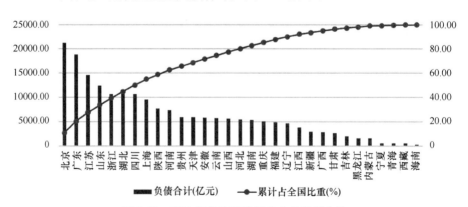

图2-47　2020年各地区建筑业企业负债合计
资料来源：国家统计局《国家数据》《2021中国统计年鉴》

北京、广东、江苏、山东、浙江的负债合计居全国前五位,分别为 21248.13 亿元、18850.78 亿元、14620.36 亿元、12475.91 亿元、10760.23 亿元,负债合计占全国的比重分别为 10.73%、9.52%、7.39%、6.30%、5.44%;海南、西藏、青海、宁夏、内蒙古的负债合计居全国后五位,分别为 282.91 亿元、511.20 亿元、559.03 亿元、571.10 亿元、1610.55 亿元,负债合计占全国的比重分别为 0.14%、0.26%、0.28%、0.29%、0.81%。

与 2019 年相比,30 个地区负债合计增加,1 个地区负债合计减少(参见图 2-48)。增长率居全国前五位的是西藏、广西、贵州、江西、陕西,分别增长了 52.14%、31.61%、26.16%、21.23%、20.55%;增长率居全国后五位的是天津、辽宁、宁夏、湖北、上海,天津下降了 0.13%,辽宁、宁夏、湖北、上海分别增长了 3.28%、4.69%、5.17%、5.64%。

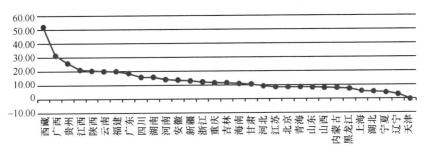

图 2-48 2020 年各地区建筑业企业负债合计增长情况(%)

资料来源:国家统计局《2020、2021 中国统计年鉴》

2.6.1.2 流动负债

2020 年各地区建筑业企业流动负债情况如图 2-49 所示。

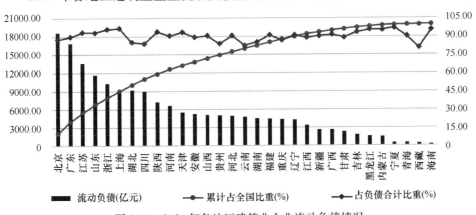

图 2-49 2020 年各地区建筑业企业流动负债情况

资料来源:国家统计局《2020、2021 中国统计年鉴》

流动负债占负债合计的比重超过95%的有宁夏、上海、浙江、黑龙江、海南、内蒙古6个地区，低于85%的有西藏、云南、贵州、四川4个地区。

北京、广东、江苏、山东、浙江建筑业企业流动负债居全国前五位，分别为18654.34亿元、16924.18亿元、13672.50亿元、11638.33亿元、10316.89亿元，流动负债占全国的比重分别为10.45%、9.48%、7.66%、6.52%、5.78%；海南、西藏、青海、宁夏、内蒙古建筑业企业流动负债居全国后五位，分别为270.48亿元、413.24亿元、504.44亿元、524.28亿元、1535.05亿元，流动负债占全国的比重分别为0.15%、0.23%、0.28%、0.31%、0.86%。

与2019年相比，各个地区建筑业企业流动负债均有增加（参见图2-50）。增长率居全国前五位的是西藏、广西、贵州、陕西、福建，分别增长了59.38%、38.92%、23.47%、22.02%、21.15%；增长率居全国后五位的是天津、辽宁、宁夏、湖北、上海，分别增长了1.78%、4.74%、4.97%、5.46%、6.06%。

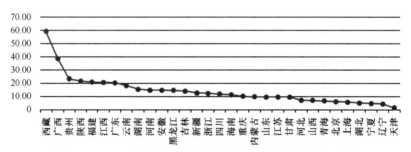

图2-50　2020年各地区建筑业企业流动负债增长情况（%）

资料来源：国家统计局《2021中国统计年鉴》《国家数据》

2.6.1.3　非流动负债

2020年各地区建筑业企业非流动负债情况如图2-51所示。

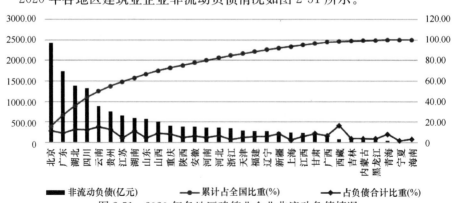

图2-51　2020年各地区建筑业企业非流动负债情况

资料来源：国家统计局《2020、2021中国统计年鉴》

非流动负债占负债合计的比重超过 2% 的有四川、湖北、湖南、贵州、新疆 5 个地区，低于 1% 的有北京、上海、天津、宁夏、云南、陕西、黑龙江、浙江、辽宁、福建 10 个地区。

北京、广东、湖北、四川、云南建筑业企业非流动负债居全国前五位，分别为 2422.93 亿元、1737.09 亿元、1378.70 亿元、886.44 亿元、758.60 亿元，非流动负债占全国的比重分别为 15.65%、11.22%、8.90%、8.53%、5.73%；海南、宁夏、青海、黑龙江、内蒙古建筑业企业非流动负债居全国后五位，分别为 9.73 亿元、10.72 亿元、46.02 亿元、60.44 亿元、62.64 亿元，非流动负债占全国的比重分别为 0.06%、0.07%、0.30%、0.39%、0.40%。

与 2019 年相比，24 个地区建筑业企业非流动负债增加，7 个地区建筑业企业非流动负债减少（参见图 2-52）。增长率居全国前五位的是四川、河北、云南、青海、西藏，分别增长了 78.93%、44.31%、37.04%、36.26%、30.63%；增长率居全国后五位的是黑龙江、上海、江苏、广西、安徽，分别下降了 30.32%、16.87%、9.55%、6.58%、5.32%。

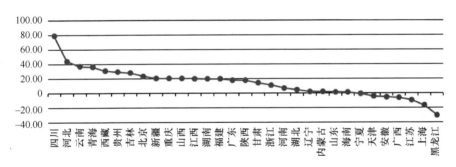

图 2-52 2020 年各地区建筑业企业非流动负债增长情况（%）
资料来源：国家统计局《2021 中国统计年鉴》《国家数据》

2.6.2 所有者权益与实收资本

2.6.2.1 所有者权益

2020 年各地区建筑业企业所有者权益情况如图 2-53 所示。

北京、江苏、广东、浙江、湖北建筑业企业所有者权益居全国前五位，分别为 10505.13 亿元、9865.68 亿元、6168.92 亿元、5085.77 亿元、5063.52 亿元，所有者权益占全国的比重分别为 12.34%、11.59%、7.25%、5.98%、5.95%；海南、宁夏、西藏、青海、内蒙古建筑业企业所有者权益居全国后五位，分别为 202.59 亿元、229.18 亿元、248.98 亿元、250.31 亿元、676.96 亿元，所有者权益占全国的比重分别为 0.24%、0.27%、0.29%、0.29%、0.80%。

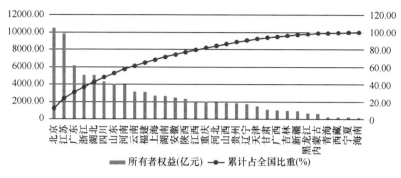

图 2-53 2020 年各地区建筑业企业所有者权益情况
资料来源：国家统计局《2020、2021 中国统计年鉴》

与 2019 年相比，23 个地区建筑业企业所有者权益增加，8 个地区建筑业企业所有者权益减少（参见图 2-54）。增长率居全国前五位的是云南、西藏、海南、四川、贵州，分别增长了 39.77%、23.43%、20.65%、13.09%、12.57%；增长率居全国后五位的是天津、宁夏、广西、山东、黑龙江，分别下降了 17.64%、3.76%、2.65%、1.96%、0.65%。

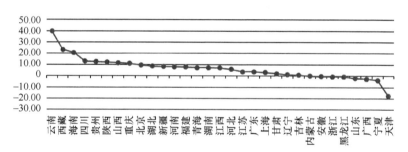

图 2-54 2020 年各地区建筑业企业所有者权益增长情况（%）
资料来源：国家统计局《2020、2021 中国统计年鉴》

2.6.2.2 实收资本

2020 年各地区建筑业企业实收资本情况如图 2-55 所示。

江苏、北京、广东、浙江、四川建筑业企业实收资本居全国前五位，分别为 3979.69 亿元、3465.59 亿元、3219.87 亿元、2706.56 亿元、2496.52 亿元，实收资本占全国的比重分别为 9.26%、8.06%、7.49%、6.29%、5.81%；西藏、海南、宁夏、青海、内蒙古建筑业企业实收资本居全国后五位，分别为 97.36 亿元、122.00 亿元、161.04 亿元、163.98 亿元、425.04 亿元，实收资本占全国的比重分别为 0.23%、0.28%、0.37%、0.38%、0.99%。

与 2019 年相比，25 个地区建筑业企业实收资本增加，6 个地区建筑业企业

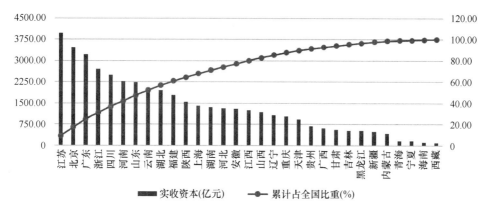

图 2-55　2020 年各地区建筑业企业实收资本情况
资料来源：国家统计局《2020、2021 中国统计年鉴》

实收资本减少（参见图 2-56）。增长率居全国前五位的是云南、西藏、河北、甘肃、山西，分别增长了 67.70%、29.56%、20.29%、16.54%、11.99%；增长率居全国后五位的是陕西、广西、天津、宁夏、黑龙江，分别下降了 17.82%、7.16%、5.37%、2.08%、1.04%。

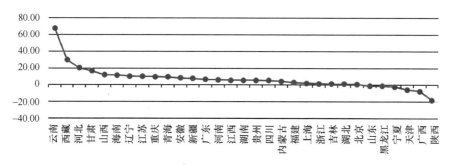

图 2-56　2020 年各地区建筑业企业实收资本增长情况（%）
资料来源：国家统计局《2020、2021 中国统计年鉴》

2.7　建筑业企业收入

2.7.1　营业收入

2020 年各地区建筑业企业营业收入如图 2-57 所示。

江苏、广东、浙江、北京、湖北建筑业企业的营业收入居全国前五位，分别为 30794.98 亿元、19456.80 亿元、17819.64 亿元、16378.67 亿元、14802.25

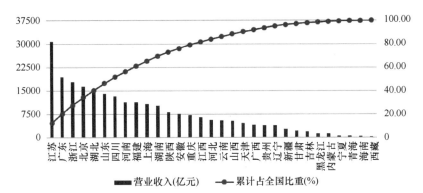

图 2-57　2020 年各地区建筑业企业营业收入
资料来源：国家统计局《2020、2021 中国统计年鉴》

亿元，营业收入占全国的比重分别为 12.58%、7.95%、7.28%、6.69%、6.05%；西藏、海南、青海、宁夏、内蒙古的营业收入居全国后五位，分别为 360.77 亿元、415.33 亿元、643.88 亿元、691.20 亿元、1298.82 亿元，营业收入占全国的比重分别为 0.15%、0.17%、0.26%、0.28%、0.53%。

与 2019 年相比，25 个地区营业收入增加，6 个地区营业收入减少（参见图 2-58）。增长率居全国前五位的是贵州、山西、新疆、四川、青海，分别增长了 14.73%、13.16%、12.30%、11.75%、11.42%；增长率居全国后五位的是海南、湖北、天津、广西、内蒙古，分别下降了 11.66%、7.99%、7.01%、4.51%、2.25%。

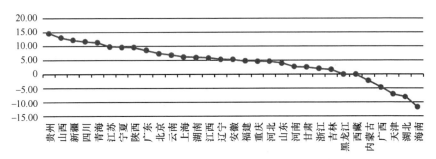

图 2-58　2020 年各地区营业收入的增长情况（%）
资料来源：国家统计局《国家数据》

2.7.2　营业收入的构成

2.7.2.1　主营业务收入

2020 年各地区建筑业企业主营业务收入情况如图 2-59 所示。

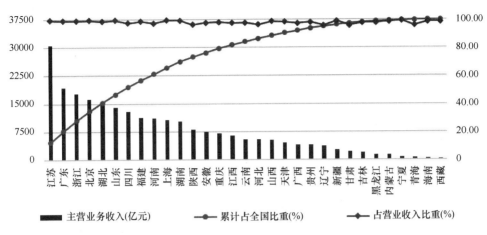

图 2-59 2020 年各地区主营业务收入情况

资料来源：国家统计局《2021 中国统计年鉴》

主营业务收入占营业收入的比重超过 99% 的有上海、山东、北京、江苏、湖南、宁夏、浙江、广东 8 个地区，比重最低的也超过了 95%。

江苏、广东、浙江、北京、湖北建筑业企业主营业务收入居全国前五位，分别为 30613.44 亿元、19290.99 亿元、17674.75 亿元、16284.70 亿元、14617.88 亿元，主营业务收入占全国的比重分别为 12.69%、8.00%、7.33%、6.75%、6.06%；西藏、海南、青海、宁夏、内蒙古建筑业企业主营业务收入居全国后五位，分别为 355.56 亿元、409.46 亿元、617.83 亿元、686.49 亿元、1278.44 亿元，主营业务收入占全国的比重分别为 0.15%、0.17%、0.26%、0.28%、0.53%。

与 2019 年相比，26 个地区建筑业企业主营业务收入增加，5 个地区建筑业企业主营业务收入减少（参见图 2-60）。增长率居全国前五位的是贵州、新疆、山西、

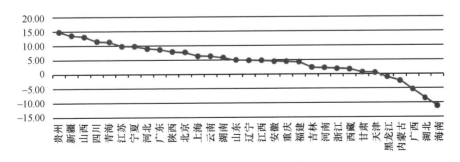

图 2-60 2020 年各地区主营业务收入的增长情况（%）

资料来源：国家统计局《国家数据》

四川、青海，分别增长了 14.86%、13.59%、13.10%、11.53%、11.35%；增长率居全国后五位的是海南、湖北、广西、内蒙古、黑龙江，分别下降了 11.17%、8.39%、5.42%、2.37%、1.06%。

2.7.2.2 其他收入

2020年各地区建筑业企业其他收入情况如图2-61所示。

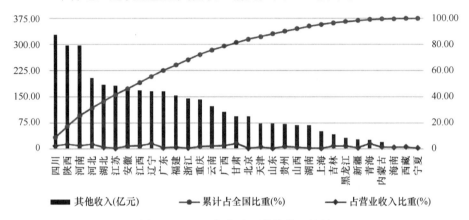

图 2-61 2020年各地区其他收入情况
资料来源：国家统计局《2021中国统计年鉴》

其他收入占营业收入的比重超过4%的有辽宁、甘肃、青海、河北、陕西5个地区，低于1%的有上海、山东、北京、江苏、湖南、宁夏、浙江、广东8个地区。

四川、陕西、河南、河北、湖北建筑业企业其他收入居全国前五位，分别为 328.07 亿元、297.96 亿元、296.59 亿元、203.05 亿元、184.37 亿元，其他收入占全国的比重分别为 9.12%、8.28%、8.25%、5.64%、5.13%；宁夏、西藏、海南、内蒙古、青海建筑业企业其他收入居全国后五位，分别为 4.72 亿元、5.21 亿元、5.87 亿元、20.38 亿元、26.05 亿元，其他收入占全国的比重分别为 0.13%、0.14%、0.16%、0.57%、0.72%。

与2019年相比，22个地区建筑业企业其他收入增加，9个地区建筑业企业其他收入减少（参见图2-62）。增长率居全国前五位的是湖南、陕西、江西、福建、甘肃，分别增长了 118.87%、101.51%、96.32%、88.07%、85.22%；增长率居全国后五位的是天津、山东、西藏、河北、新疆，分别下降了 83.54%、58.17%、54.65%、49.31%、46.73%。

第 2 章 各地区建筑业发展状况分析

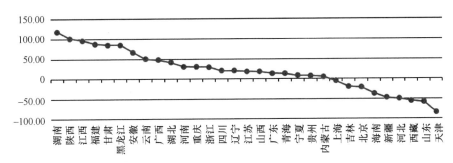

图 2-62 2020 年各地区建筑业企业其他收入增长情况（%）
资料来源：国家统计局《2021 中国统计年鉴》《国家数据》

2.8 建筑业企业实现利税情况

2.8.1 利税总额

2020 年各地区建筑业企业利税总额情况如图 2-63 所示。

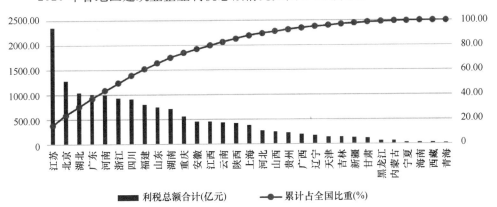

图 2-63 2020 年各地区利税总额情况
资料来源：国家统计局《2021 中国统计年鉴》

江苏、北京、湖北、广东、河南利税总额居全国前五位，分别为 2356.27 亿元、1281.88 亿元、1038.64 亿元、1010.31 亿元、999.04 亿元，利税总额占全国的比重分别为 15.28%、8.31%、6.74%、6.55%、6.48%；青海、西藏、海南、宁夏、内蒙古建筑业企业利税总额居全国后五位，分别为 22.35 亿元、29.71 亿元、33.78 亿元、34.92 亿元、63.14 亿元，利税总额占全国的比重分别

59

为 0.14%、0.19%、0.22%、0.23%、0.41%。

与 2019 年相比，12 个地区建筑业企业利税总额增加，19 个地区建筑业企业利税总额减少（参见图 2-64）。增长率居全国前五位的是北京、贵州、山西、四川、陕西，分别增长了 22.37%、20.22%、16.96%、14.34%、12.32%；增长率居全国后五位的是黑龙江、西藏、湖北、内蒙古、广西，分别下降了 25.42%、24.15%、16.78%、15.97%、15.55%。

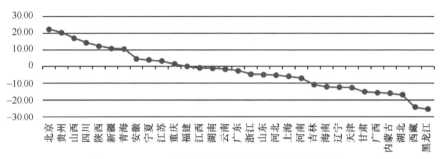

图 2-64　2020 年各地区利税总额的增长情况（%）

资料来源：国家统计局《国家数据》

2.8.2　利税总额的构成

2.8.2.1　利润总额

2020 年各地区建筑业企业利润总额情况如图 2-65 所示。

利润总额占利税总额的比重超过 55% 的有北京、西藏、贵州、上海、湖北、江苏 6 个地区，其中北京超过 80%、西藏超过 60%，低于 40% 的有黑龙江、内蒙古、辽宁、宁夏 4 个地区。

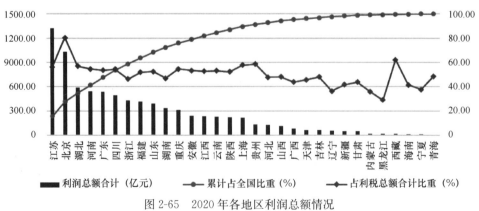

图 2-65　2020 年各地区利润总额情况

资料来源：国家统计局《2021 中国统计年鉴》

江苏、北京、湖北、河南、广东建筑业企业利润总额居全国前五位，分别为1325.58亿元、1030.21亿元、590.56亿元、544.87亿元、541.62亿元，利润总额占全国的比重分别为15.69%、12.20%、6.99%、6.45%、6.41%；青海、宁夏、河南、西藏、黑龙江建筑业企业利润总额居全国后五位，分别为10.87亿元、13.22亿元、14.07亿元、18.51亿元、18.86亿元，利润总额占全国的比重分别为0.13%、0.16%、0.17%、0.22%、0.27%。

与2019年相比，13个地区建筑业企业利润总额增加，18个地区建筑业企业利润总额减少（参见图2-66）。增长率居全国前五位的是青海、北京、贵州、四川、山西，分别增长了52.31%、28.08%、27.80%、24.46%、19.09%；增长率居全国后五位的是黑龙江、西藏、天津、内蒙古、甘肃，分别下降了56.70%、37.96%、32.79%、29.07%、25.31%。

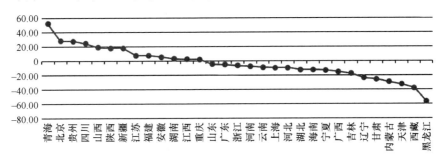

图2-66　2020年各地区建筑业企业利润总额增长情况（%）
资料来源：国家统计局《2021中国统计年鉴》《国家数据》

2.8.2.2　税金总额

2020年各地区建筑业企业税金总额情况如图2-67所示。

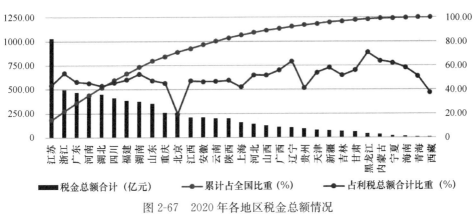

图2-67　2020年各地区税金总额情况
资料来源：国家统计局《2021中国统计年鉴》

税金总额占利税总额的比重超过60%的有黑龙江、内蒙古、辽宁、宁夏4个地区,其中黑龙江超过70%,低于40%的有北京、西藏2个地区。

江苏、浙江、广东、河南、湖北建筑业企业税金总额居全国前五位,分别为1030.69亿元、499.86亿元、468.70亿元、454.17亿元、448.08亿元,税金总额占全国的比重分别为14.79%、7.17%、6.73%、6.52%、6.43%;西藏、青海、海南、宁夏、内蒙古建筑业企业税金总额居全国后五位,分别为11.21亿元、11.48亿元、19.71亿元、21.69亿元、40.29亿元,税金总额占全国的比重分别为0.16%、0.16%、0.28%、0.31%、0.58%。

与2019年相比,14个地区建筑业企业税金总额增加,17个地区建筑业企业税金总额减少(参见图2-68)。增长率居全国前五位的是西藏、宁夏、天津、山西、贵州,分别增长了19.98%、17.69%、16.97%、15.05%、10.94%;增长率居全国后五位的是湖北、广西、青海、海南、福建,分别下降了22.17%、15.93%、12.21%、11.94%、7.18%。

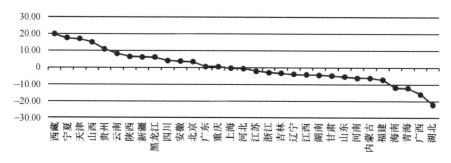

图2-68 2020年各地区建筑业企业税金总额增长情况(%)
资料来源:国家统计局《2021中国统计年鉴》《国家数据》

2.8.3 主营业务利润

2020年各地区建筑业企业主营业务利润情况如图2-69所示。

江苏、北京、湖北、河南、广东建筑业企业主营业务利润居全国前五位,分别为1305.60亿元、1000.23亿元、584.23亿元、532.72亿元、523.10亿元,主营业务利润占全国的比重分别为15.95%、12.22%、7.14%、6.51%、6.39%;青海、宁夏、海南、黑龙江、西藏建筑业企业主营业务利润居全国后五位,分别为10.66亿元、12.33亿元、13.98亿元、17.38亿元、18.57亿元,主营业务利润占全国的比重分别为0.13%、0.15%、0.17%、0.21%、0.23%。

与2019年相比,13个地区建筑业企业主营业务利润增加,18个地区建筑业企业主营业务利润减少(参见图2-70)。增长率居全国前五位的是青海、贵州、

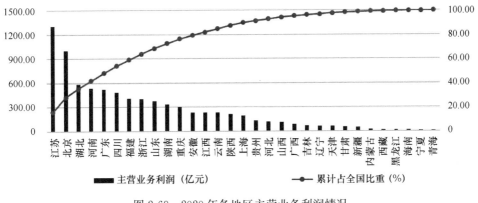

图 2-69 2020 年各地区主营业务利润情况
资料来源：国家统计局《2021 中国统计年鉴》

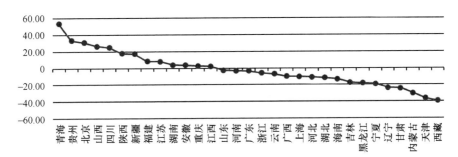

图 2-70 2020 年各地区建筑业企业主营业务利润增长情况（%）
资料来源：国家统计局《2021 中国统计年鉴》《国家数据》

北京、山西、四川，分别增长了 53.43%、33.24%、30.83%、26.42%、25.00%；增长率居全国后五位的是西藏、天津、内蒙古、甘肃、辽宁，分别下降了 39.35%、36.50%、30.25%、24.42%、23.74%。

2.9 房屋建筑建设情况

2.9.1 房屋建筑施工面积

2020 年各地区建筑业企业房屋建筑施工面积情况如图 2-71 所示。

江苏、浙江、广东、北京、山东建筑业企业房屋建筑施工面积居全国前五位，分别为 267407.73 万 m^2、180786.22 万 m^2、91890.63 万 m^2、88593.69 万 m^2、86160.07 万 m^2，房屋建筑施工面积占全国的比重分别为 17.89%、12.09%、6.15%、5.93%、5.76%；西藏、青海、海南、宁夏、黑龙江建筑业

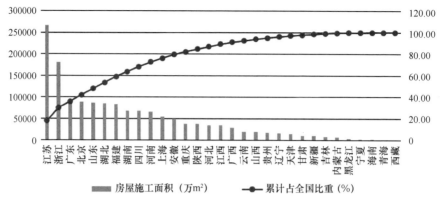

图 2-71 2020 年各地区房屋建筑施工面积情况

资料来源：国家统计局《国家数据》

企业房屋建筑施工面积居全国后五位，分别为 477.17 万 m^2、927.63 万 m^2、1823.66 万 m^2、2107.74 万 m^2、3285.35 万 m^2，房屋建筑施工面积占全国的比重分别为 0.03%、0.06%、0.12%、0.14%、0.22%。

与 2019 年相比，24 个地区建筑业企业房屋建筑施工面积增加，7 个地区建筑业企业房屋建筑施工面积减少（参见图 2-72）。增长率居全国前五位的是西藏、新疆、内蒙古、山西、北京，分别增长了 37.05%、23.03%、21.28%、17.51%、9.98%；增长率居全国后五位的是海南、湖北、宁夏、黑龙江、广西，分别下降了 21.04%、7.36%、6.40%、4.22%、2.69%。

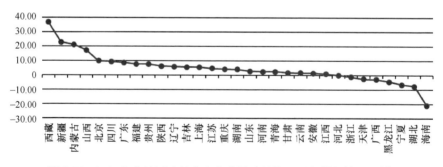

图 2-72 2020 年各地区建筑业企业房屋建筑施工面积增长情况（%）

资料来源：国家统计局《国家数据》

2.9.2 房屋建筑竣工面积

2020 年各地区建筑业企业房屋建筑竣工面积情况如图 2-73 所示。

江苏、浙江、湖北、四川、山东建筑业企业房屋建筑竣工面积居全国前五

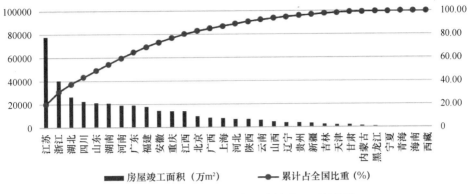

图 2-73 2020 年各地区房屋建筑竣工面积情况
资料来源：国家统计局《国家数据》

位，分别为 77802.87 万 m^2、40742.17 万 m^2、26559.53 万 m^2、22572.79 万 m^2、21309.55 万 m^2，房屋建筑竣工面积占全国的比重分别为 20.22%、10.59%、6.90%、5.87%、5.54%；西藏、海南、青海、宁夏、黑龙江建筑业企业房屋建筑竣工面积居全国后五位，分别为 205.08 万 m^2、299.50 万 m^2、355.70 万 m^2、756.98 万 m^2、923.44 万 m^2，房屋建筑施工面积占全国的比重分别为 0.05%、0.08%、0.09%、0.20%、0.24%。

与 2019 年相比，9 个地区建筑业企业房屋建筑施工面积增加，22 个地区建筑业企业房屋建筑竣工面积减少（参见图 2-74）。增长率居全国前五位的是新疆、山西、宁夏、四川、陕西，分别增长了 46.23%、28.89%、11.47%、10.97%、8.00%；增长率居全国后五位的是海南、黑龙江、湖北、河北、西藏，分别下降了 38.25%、29.04%、21.67%、18.16%、15.50%。

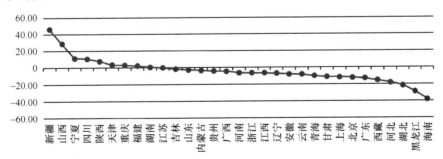

图 2-74 2020 年各地区建筑业企业房屋建筑竣工面积增长情况（%）
资料来源：国家统计局《国家数据》

2.10 各地区建筑业主要指标比较分析

本报告选取建筑业增加值、营业收入、建筑业总产值、本年新签合同额、资产总额、利润总额 6 项指标,对 2020 年各地区建筑业主要指标进行位次排序和比重排序分析。

2.10.1 各地区建筑业主要指标位次排序分析

2020 年各地区建筑业主要指标位次排序分析的基本思路是,先确定各地区每一项指标在全国的位次,再将 6 项指标的位次求和得到位次总分,然后按位次总分由小到大的顺序得出排序。具体排序结果参见表 2-1。

2020 年各地区建筑业主要指标位次排序分析　　　表 2-1

地区	建筑业主要指标排序位次						位次总分	排序
	建筑业增加值	营业收入	建筑业总产值	本年新签合同额	资产总额	利润总额		
江苏	1	1	1	1	3	1	8	1
广东	5	2	3	2	2	5	19	2
浙江	8	3	2	3	5	7	28	3
湖北	12	5	4	4	6	3	34	4
山东	2	6	6	7	4	9	34	4
四川	6	7	5	5	7	6	36	6
河南	3	8	8	8	9	4	40	7
北京	18	4	9	6	1	2	40	7
福建	4	9	7	9	13	8	50	9
湖南	9	11	10	10	14	10	64	10
安徽	7	13	11	12	12	12	67	11
陕西	13	12	14	13	10	15	77	12
重庆	10	14	12	14	19	11	80	13
云南	11	17	16	16	11	14	85	14
上海	25	10	15	11	8	16	85	14
江西	14	15	13	15	21	13	91	16
河北	15	16	17	17	18	18	101	17
山西	22	18	19	18	16	19	112	18
贵州	17	21	21	21	15	17	112	18

续表

地区	建筑业主要指标排序位次						位次总分	排序
	建筑业增加值	营业收入	建筑业总产值	本年新签合同额	资产总额	利润总额		
广西	16	20	18	20	22	20	116	20
天津	24	19	20	19	17	21	120	21
辽宁	19	22	22	22	20	23	128	22
新疆	21	23	23	23	23	24	137	23
吉林	23	25	25	25	25	22	145	24
甘肃	27	24	24	24	24	25	148	25
内蒙古	20	27	27	26	27	26	153	26
黑龙江	29	26	26	27	26	27	161	27
宁夏	31	28	28	28	29	30	174	28
青海	30	29	29	29	28	31	176	29
西藏	26	31	31	31	30	28	177	30
海南	28	30	30	30	31	29	178	31

2.10.2 各地区建筑业主要指标比重排序分析

2020 年各地区建筑业主要指标比重排序分析的基本思路是，先确定各地区每一项指标占全国的比重，再将 6 项指标的比重求和得到比重总分，然后按比重总分由大到小的顺序得出排序。具体排序结果参见表 2-2。

2020 年各地区建筑业主要指标比重排序分析　　表 2-2

地区	建筑业主要指标占全国的比重（%）						比重总分	排序
	建筑业增加值	营业收入	建筑业总产值	本年新签合同额	资产总额	利润总额		
江苏	8.94	12.58	13.36	10.64	8.65	15.69	69.86	1
广东	6.37	7.95	6.98	7.9	8.84	6.41	44.45	2
北京	2.11	6.69	4.89	5.97	11.22	12.2	43.08	3
浙江	5.22	7.28	7.93	7.06	5.6	5.12	38.21	4
湖北	3.87	6.05	6.11	6.78	5.59	6.99	35.39	5
山东	7.69	5.79	5.66	5.5	5.84	4.66	35.14	6
四川	5.86	5.4	5.92	6.2	5.31	5.9	34.59	7

续表

地区	建筑业主要指标占全国的比重（%）						比重总分	排序
	建筑业增加值	营业收入	建筑业总产值	本年新签合同额	资产总额	利润总额		
河南	7.1	4.67	4.97	4.9	4.01	6.45	32.1	8
福建	6.37	4.65	5.35	4.84	2.84	4.95	29	9
湖南	4.91	4.2	4.49	4.24	2.82	3.96	24.62	10
安徽	5.52	3.1	3.55	3.72	2.95	2.9	21.74	11
陕西	3.56	3.39	3.22	3.55	3.57	2.62	19.91	12
上海	0.99	4.39	3.14	4.19	4.35	2.59	19.65	13
重庆	4.11	2.95	3.4	2.87	2.49	3.67	19.49	14
云南	3.88	2.28	2.55	2.46	3.16	2.75	17.08	15
江西	2.93	2.68	3.28	2.7	2.09	2.82	16.5	16
河北	2.86	2.3	2.25	2.4	2.61	1.54	13.96	17
山西	1.3	2.17	1.94	2.31	2.65	1.41	11.78	18
贵州	2.21	1.62	1.55	1.73	2.77	1.6	11.48	19
广西	2.61	1.65	2.22	1.92	1.38	1.03	10.81	20
天津	0.99	1.88	1.66	2	2.62	0.79	9.94	21
辽宁	2.11	1.58	1.45	1.58	2.27	0.74	9.73	22
新疆	1.64	1.11	1.02	1.16	1.37	0.63	6.93	23
吉林	1.16	0.78	0.76	0.8	1.05	0.78	5.33	24
甘肃	0.78	0.92	0.78	0.85	1.33	0.63	5.29	25
内蒙古	1.81	0.53	0.43	0.58	0.81	0.27	4.43	26
黑龙江	0.57	0.56	0.46	0.46	0.82	0.22	3.09	27
西藏	0.89	0.15	0.11	0.1	0.27	0.22	1.74	28
宁夏	0.45	0.28	0.24	0.23	0.28	0.16	1.64	29
青海	0.49	0.26	0.19	0.2	0.29	0.13	1.56	30
海南	0.72	0.17	0.15	0.16	0.17	0.17	1.54	31

2.11 建筑业百强城市排序与分析

本报告选取全国 27 个省级区划（不含直辖市）的 333 个地级区划，进行建筑业百强城市的排序与分析。

2.11.1 建筑业百强城市的排序

2.11.1.1 建筑业百强城市的排序方法

（1）按照数据可得性原则，选择建筑业百强城市的排序指标。经查阅各省、自治区的统计年鉴和部分城市的统计年鉴，浏览各城市 2020 年国民经济和社会发展统计公报，得出重合率最大的指标是建筑业总产值。故选取建筑业总产值作为确定建筑业百强城市的排序指标。

（2）数据收集。本报告采用如下三种方式收集、计算各个地级区划的排序数据：一是直接从各省、自治区 2021 年统计年鉴中获得各地级区划的建筑业总产值数据，入选建筑业百强的城市中，有 50 个城市通过这种方式获得数据；二是当第一种方式无法获得数据时，查找相应地级区划 2020 年国民经济和社会发展统计公报中给出的建筑业总产值数据，入选建筑业百强的城市中，有 30 个城市通过这种方式获得数据；三是当第一、二种方式均无法获得数据时，通过上一年度统计年鉴的建筑业总产值数据进行推算，推算的方法是，某地级区划本年度建筑业总产值的推算值等于该地级区划上年度统计年鉴的建筑业总产值乘以（1+本年度所在省级区划的建筑业总产值增长率）。入选建筑业百强的城市中，有 20 个城市通过这种方式获得数据。

2.11.1.2 建筑业百强城市的排序结果

2020 年建筑业百强城市的排序结果，见表 2-3。

2020 年建筑业百强城市的排序结果　　　　　表 2-3

序号	城市	地区	建筑业总产值（万元）	数据来源
1	武汉	湖北	10591.59	统计年鉴
2	南通	江苏	9741.93	统计年鉴
3	长沙	湖南	6059.07	统计年鉴
4	广州	广东	5961.63	统计年鉴
5	福州	福建	5214.71	统计公报
6	西安	陕西	5124.37	统计年鉴
7	郑州	河南	4953.90	统计公报
8	杭州	浙江	4924.00	统计年鉴
9	深圳	广东	4772.22	统计年鉴
10	南京	江苏	4533.15	统计年鉴

续表

序号	城市	地区	建筑业总产值（万元）	数据来源
11	南昌	江西	4530.40	推算
12	绍兴	浙江	4526.00	统计年鉴
13	扬州	江苏	4516.04	统计年鉴
14	合肥	安徽	4493.68	推算
15	昆明	云南	3829.00	统计公报
16	济南	山东	3748.12	统计年鉴
17	泰州	江苏	3680.84	统计年鉴
18	太原	山西	3411.93	统计公报
19	宁波	浙江	3055.00	统计年鉴
20	青岛	山东	3000.16	统计年鉴
21	苏州	江苏	2867.24	统计年鉴
22	成都	四川	2831.60	统计公报
23	厦门	福建	2765.04	统计公报
24	金华	浙江	2596.00	统计年鉴
25	贵阳	贵州	2541.98	推算
26	南宁	广西	2237.40	统计公报
27	常州	江苏	2021.96	统计年鉴
28	泉州	福建	1970.75	统计公报
29	盐城	江苏	1903.98	统计年鉴
30	南充	四川	1676.12	推算
31	温州	浙江	1608.00	统计年鉴
32	石家庄	河北	1560.48	推算
33	徐州	江苏	1559.53	统计年鉴
34	沈阳	辽宁	1553.66	推算
35	泸州	四川	1500.80	统计公报
36	淮安	江苏	1457.02	统计年鉴
37	保定	河北	1429.27	推算
38	龙岩	福建	1380.39	统计公报
39	长春	吉林	1287.80	统计公报
40	嘉兴	浙江	1221.00	统计年鉴
41	洛阳	河南	1220.90	统计公报

续表

序号	城市	地区	建筑业总产值（万元）	数据来源
42	台州	浙江	1155.00	统计年鉴
43	宜昌	湖北	1148.91	统计年鉴
44	无锡	江苏	1111.06	统计年鉴
45	珠海	广东	1106.13	统计年鉴
46	兰州	甘肃	1100.12	推算
47	临沂	山东	1092.68	统计年鉴
48	宝鸡	陕西	1072.08	统计年鉴
49	泰安	山东	1056.00	统计年鉴
50	安阳	河南	1051.03	推算
51	乌鲁木齐	新疆	1026.86	推算
52	茂名	广东	1024.10	统计年鉴
53	淄博	山东	1023.17	统计年鉴
54	潍坊	山东	1013.77	统计年鉴
55	襄阳	湖北	1003.05	统计年鉴
56	株洲	湖南	971.47	统计年鉴
57	绵阳	四川	964.75	推算
58	柳州	广西	963.99	统计公报
59	上饶	江西	957.80	统计公报
60	驻马店	河南	916.99	统计公报
61	三明	福建	884.08	统计公报
62	湛江	广东	881.02	统计年鉴
63	巴中	四川	875.56	推算
64	新乡	河南	848.55	统计公报
65	湖州	浙江	841.00	统计年鉴
66	黄冈	湖北	824.62	统计年鉴
67	大连	辽宁	821.90	统计公报
68	宜宾	四川	808.56	推算
69	汕头	广东	787.63	统计年鉴
70	莆田	福建	780.74	统计公报
71	烟台	山东	771.04	统计年鉴
72	哈尔滨	黑龙江	759.66	推算

续表

序号	城市	地区	建筑业总产值（万元）	数据来源
73	芜湖	安徽	759.20	统计公报
74	宿迁	江苏	714.07	统计年鉴
75	佛山	广东	713.07	统计年鉴
76	济宁	山东	708.46	统计年鉴
77	咸阳	陕西	698.03	统计年鉴
78	漳州	福建	692.03	统计公报
79	九江	江西	688.48	统计公报
80	商丘	河南	680.17	推算
81	衡阳	湖南	676.09	统计年鉴
82	广安	四川	674.10	推算
83	唐山	河北	673.61	推算
84	东莞	广东	664.48	统计年鉴
85	廊坊	河北	657.47	推算
86	蚌埠	安徽	650.21	统计公报
87	信阳	河南	646.62	统计公报
88	周口	河南	645.45	推算
89	达州	四川	642.10	统计公报
90	遂宁	四川	626.34	统计公报
91	岳阳	湖南	606.55	统计年鉴
92	滁州	安徽	602.70	统计公报
93	镇江	江苏	597.62	统计年鉴
94	曲靖	云南	588.65	统计公报
95	玉林	广西	582.36	推算
96	邵阳	湖南	574.70	统计年鉴
97	湘潭	湖南	571.55	统计年鉴
98	连云港	江苏	547.19	统计年鉴
99	抚州	江西	543.10	统计公报
100	赣州	江西	526.40	统计公报

2.11.2 建筑业百强城市的分析

2.11.2.1 建筑业百强城市占全国建筑业总产值的比重情况

2020年建筑业百强城市实现的建筑业总产值为18.75万亿元，占2020年全国建筑业总产值的71.02%，显示了百强城市在全国建筑业的主力军作用。

2.11.2.2 建筑业百强城市的地区分布

2020年建筑业百强城市入选城市数量及入选率的地区分布如图2-75所示。

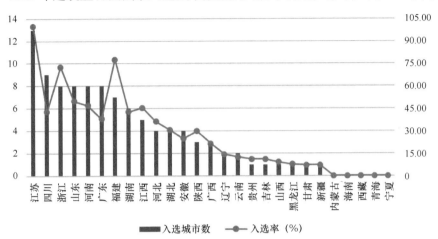

图2-75 2020年建筑业百强城市入选城市数量及入选率的地区分布

从图2-75可以看出，入选2020年建筑业百强城市最多的是江苏，其下辖的13个城市全部入选；四川省以入选9个城市排在第2位，入选率为42.86%；浙江、山东、河南、广东以入选8个城市并列排在第3位，入选率分别为72.73%、50%、47.06%和38.10%。贵州、吉林、山西、黑龙江、甘肃、新疆6个省区分别只有1个城市入选；内蒙古、海南、西藏、青海、宁夏5个省区没有城市进入2020年建筑业百强城市。

2020年建筑业百强城市实现的建筑业总产值的地区分布如图2-76所示。

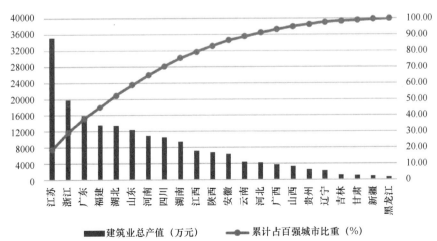

图2-76 2020年建筑业百强城市实现建筑业总产值的地区分布

从图 2-76 可以看出，江苏入选 2020 年建筑业百强城市实现的建筑业总产值最多，达到 3.53 万亿元，占百强城市的 18.81%；浙江、广东、福建、湖北、山东入选 2020 年建筑业百强城市实现的建筑业总产值分别为 1.99 万亿元、1.59 万亿元、1.37 万亿元、1.36 万亿元和 1.24 万亿元，分别排在第 2 至第 6 位，分别占百强城市的 10.63%、8.49%、7.30%、7.24% 和 6.62%。除了没有入选的 5 个省区外，黑龙江、新疆、甘肃、吉林实现的建筑业总产值分别排在后 4 位，占百强城市的比重均不超过 1%。

2.11.2.3 省会首府城市入选建筑业百强城市的状况

有 22 个省会首府城市进入 2020 年建筑业百强城市，其中 8 个城市进入前 10 强的行列。进入 2020 年建筑业百强城市的省会首府城市共实现建筑业总产值 8.23 万亿元，占百强城市的 43.89%，充分显示了省会首府城市对地区建筑业发展的带动作用。详见表 2-4。

省会首府城市进入 2020 年建筑业百强城市情况　　表 2-4

位次	城市	地区	建筑业总产值（万元）	位次	城市	地区	建筑业总产值（万元）
1	武汉	湖北	10591.59	18	太原	山西	3411.93
3	长沙	湖南	6059.07	22	成都	四川	2831.60
4	广州	广东	5961.63	25	贵阳	贵州	2541.98
5	福州	福建	5214.71	26	南宁	广西	2237.40
6	西安	陕西	5124.37	32	石家庄	河北	1560.48
7	郑州	河南	4953.90	34	沈阳	辽宁	1553.66
8	杭州	浙江	4924.00	39	长春	吉林	1287.80
10	南京	江苏	4533.15	46	兰州	甘肃	1100.12
11	南昌	江西	4530.40	51	乌鲁木齐	新疆	1026.86
14	合肥	安徽	4493.68	72	哈尔滨	黑龙江	759.66
15	昆明	云南	3829.00	建筑业总产值合计（万元）			82275.13
16	济南	山东	3748.12	占百强城市比重（%）			43.89

2.11.2.4 副省级城市入选建筑业百强城市的状况

15 个副省级城市全部进入 2020 年建筑业百强城市，其中 6 个城市进入前 10 强的行列。进入 2020 年建筑业百强城市的副省级城市共实现建筑业总产值 5.57 万亿元，占百强城市的 29.73%。详见表 2-5。

15个副省级城市进入2020年建筑业百强城市情况

表 2-5

位次	城市	地区	建筑业总产值（万元）	位次	城市	地区	建筑业总产值（万元）
1	武汉	湖北	10591.59	20	青岛	山东	3000.16
4	广州	广东	5961.63	22	成都	四川	2831.60
6	西安	陕西	5124.37	23	厦门	福建	2765.04
8	杭州	浙江	4924.00	34	沈阳	辽宁	1553.66
9	深圳	广东	4772.22	39	长春	吉林	1287.80
10	南京	江苏	4533.15	67	大连	辽宁	821.90
16	济南	山东	3748.12	72	哈尔滨	黑龙江	759.66
19	宁波	浙江	3055.00				

第3章 建筑业区域发展状况分析

本报告选取建筑业增加值、营业收入、建筑业总产值、本年新签合同额、资产总额和利润总额 6 项指标，按常规分类的六大区域、八大经济区域和三大地带，对 2020 年各区域建筑业发展状况进行分析。

3.1 常规分类的六大区域建筑业发展状况分析

3.1.1 常规分类六大区域的构成

按照常规分类，我国共划分为华北、东北、华东、中南、西南、西北 6 大区域。华北包括北京、天津、河北、山西、内蒙古 5 个地区；东北包括辽宁、吉林、黑龙江 3 个地区；华东包括上海、江苏、浙江、安徽、福建、江西、山东 7 个地区；中南包括河南、湖北、湖南、广东、广西、海南 6 个地区；西南包括重庆、四川、贵州、云南、西藏 5 个地区；西北包括陕西、甘肃、青海、宁夏、新疆 5 个地区。

3.1.2 建筑业增加值

2011—2020 年，我国六大区域建筑业增加值的情况如图 3-1 所示。

2011—2020 年，各大区域建筑业增加值均保持增长态势。华东地区建筑业增加值一直保持领先，2020 年达到 2.75 万亿元，是 2011 年的 2.64 倍，平均增速为 11.39%，排在第 4 位，建筑业增加值占全国的比重呈下降趋势，平均降速为 2.48%；中南地区建筑业增加值一直排在第 2 位，2020 年达到 1.87 万亿元，是 2011 年的 4.60 倍，平均增速为 18.47%，排在第 2 位，建筑业增加值占全国的比重呈上升趋势，平均增速为 3.72%；西南地区建筑业增加值从第 4 位上升到第 3 位，2020 年达到 1.24 万亿元，是 2011 年的 5.94 倍，平均增速为 21.88%，排在第 1 位，建筑业增加值占全国的比重呈上升趋势，平均增速为 6.71%；华北地区建筑业增加值从第 3 位下降到第 4 位，2020 年为 0.66 万亿元，是 2011 年的 2.61 倍，平均增速为 11.24%，排在第 5 位，建筑业增加值占全国的比重呈下降趋势，平均降速为 2.61%；西北地区建筑业增加值从第 6 位

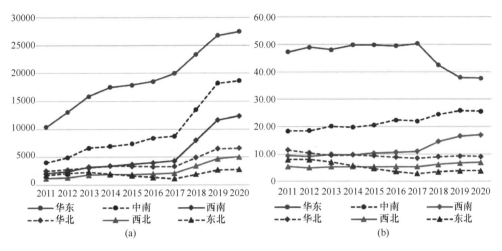

图 3-1 2011—2020 年六大区域建筑业增加值
(a) 建筑业增加值（亿元）；(b) 建筑业增加值占全国比重（％）
资料来源：国家统计局《国家数据》《中国统计年鉴》

上升到第 5 位，2020 年为 0.51 万亿元，是 2011 年的 4.21 倍，平均增速为 17.32％，排在第 3 位，建筑业增加值占全国的比重呈上升趋势，平均增速为 2.71％；东北地区建筑业增加值从第 5 位下降到第 6 位，2020 年为 0.28 万亿元，是 2011 年的 1.58 倍，平均增速为 5.22％，排在第 6 位，建筑业增加值占全国的比重呈下降趋势，平均降速为 7.88％。

3.1.3 营业收入

2011—2020 年，我国六大区域建筑业营业收入的情况如图 3-2 所示。

2011—2020 年，除东北外，其他五大区域营业收入均保持增长态势。华东地区营业收入一直保持领先，2020 年达到 9.91 万亿元，是 2011 年的 2.20 倍，平均增速为 9.14％，排在第 4 位，营业收入占全国的比重基本持平，平均降速为 0.05％；中南地区营业收入一直排在第 2 位，2020 年达到 6.04 万亿元，是 2011 年的 2.66 倍，平均增速为 11.49％，排在第 2 位，营业收入占全国的比重呈上升趋势，平均增速为 2.21％；华北地区营业收入一直排在第 3 位，2020 年达到 3.32 万亿元，是 2011 年的 1.83 倍，平均增速为 6.95％，排在第 5 位，营业收入占全国的比重呈下降趋势，平均降速为 1.95％；西南地区营业收入一直排在第 4 位，2020 年为 3.03 万亿元，是 2011 年的 2.87 倍，平均增速为 12.42％，排在第 1 位，营业收入占全国的比重呈上升趋势，平均增速为 3.06％；西北地区营业收入从第 6 位上升到第 5 位，2020 年为 1.46 万亿元，是 2011 年的 2.40 倍，平均增速为 10.19％，排在第 3 位，营业收入占全国的比重

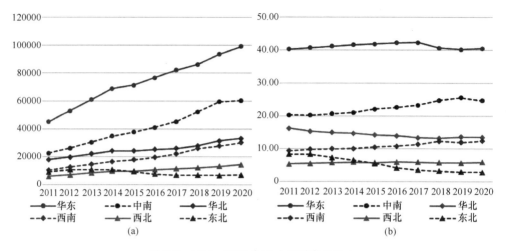

图 3-2 2011—2020 年六大区域营业收入
(a) 营业收入（亿元）；(b) 营业收入占全国比重（%）
资料来源：国家统计局《国家数据》《中国统计年鉴》

呈上升趋势，平均增速为 1.02%；东北地区营业收入从第 5 位下降到第 6 位，2020 年为 0.71 万亿元，是 2011 年的 0.76 倍，平均降速为 2.94%，营业收入占全国的比重呈下降趋势，平均降速为 11.02%。

3.1.4 建筑业总产值

2011—2020 年，我国六大区域建筑业建筑业总产值的情况如图 3-3 所示。

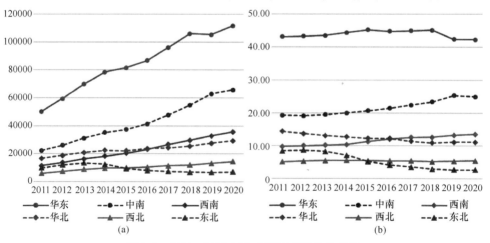

图 3-3 2011—2020 年六大区域建筑业总产值
(a) 建筑业总产值（亿元）；(b) 建筑业总产值占全国比重（%）
资料来源：国家统计局《国家数据》《中国统计年鉴》

2011—2020年，除东北外，其他五大区域建筑业总产值均保持增长态势。华东地区建筑业总产值一直遥遥领先，2020年达到11.15万亿元，是2011年的2.22倍，平均增速为9.28%，排在第5位，建筑业总产值占全国的比重略有下降，平均降速为0.22%；中南地区建筑业总产值一直排在第2位，2020年达到6.58万亿元，是2011年的2.94倍，平均增速为12.74%，排在第2位，建筑业总产值占全国的比重呈上升趋势，平均增速为2.94%；西南地区建筑业总产值从第4位上升到第3位，2020年达到3.57万亿元，是2011年的3.13倍，平均增速为13.52%，排在第1位，建筑业总产值占全国的比重呈上升趋势，平均增速为3.65%；华北地区建筑业总产值从第3位下降到在第4位，2020年为2.95万亿元，是2011年的1.76倍，平均增速为6.50%，排在第5位，建筑业总产值占全国的比重呈下降趋势，平均降速为2.75%；西北地区建筑业总产值从第6位上升到第5位，2020年为1.44万亿元，是2011年的2.44倍，平均增速为10.42%，排在第3位，建筑业总产值占全国的比重呈上升趋势，平均增速为0.82%；东北地区建筑业总产值从第5位下降到第6位，2020年为0.70万亿元，是2011年的0.71倍，平均降速为3.71%，建筑业总产值占全国的比重呈下降趋势，平均降速为12.07%。

3.1.5 本年新签合同额

2011—2020年，我国六大区域建筑业本年新签合同额的情况如图3-4所示。

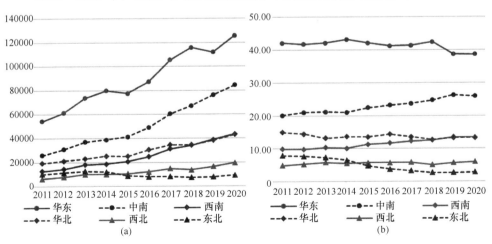

图3-4 2011—2020年六大区域本年新签合同额
（a）本年新签合同额（亿元）；（b）本年新签合同额占全国比重（%）
资料来源：国家统计局《国家数据》《中国统计年鉴》

2011—2020年，除东北外，其他五大区域本年新签合同额均保持增长态势。华东地区本年新签合同额一直遥遥领先，2020年达到12.56万亿元，是2011年的2.31倍，平均增速为9.77%，排在第4位，本年新签合同额占全国的比重略有下降，平均降速为0.96%；中南地区本年新签合同额一直排在第2位，2020年达到8.42万亿元，是2011年的3.25倍，平均增速为13.99%，排在第2位，本年新签合同额占全国的比重呈上升趋势，平均增速为2.84%；西南地区本年新签合同额一直排在第3位，2020年达到4.34万亿元，是2011年的3.41倍，平均增速为14.60%，排在第1位，本年新签合同额占全国的比重呈上升趋势，平均增速3.39%；华北地区本年新签合同额一直排在第4位，2020年为4.31万亿元，是2011年的2.23倍，平均增速为9.34%，排在第5位，本年新签合同额占全国的比重呈下降趋势，平均降速为1.35%；西北地区本年新签合同额从第6位上升到第5位，2020年为1.95万亿元，是2011年的3.09倍，平均增速为13.33%，排在第3位，本年新签合同额占全国的比重呈上升趋势，平均增速为2.25%；东北地区本年新签合同额从第5位下降到第6位，2020年为0.93万亿元，是2011年的0.91倍，平均降速为1.09%，本年新签合同额占全国的比重呈下降趋势，平均降速为10.76%。

3.1.6 资产总额合计

2011—2020年，我国六大区域建筑业资产总额合计的情况如图3-5所示。

2011—2020年，各大区域资产总额合计均保持增长态势。华东地区资产总额合计一直排在第1位，2020年达到9.15万亿元，是2011年的2.63倍，平均

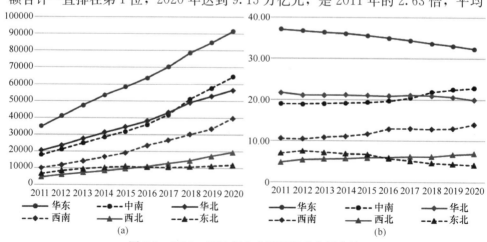

图3-5　2011—2020年六大区域资产总额合计
(a) 资产总额合计（亿元）；(b) 资产总额合计占全国比重（%）
资料来源：国家统计局《国家数据》《中国统计年鉴》

增速为 11.35%，排在第 5 位，资产总额合计占全国的比重有所下降，平均降速为 1.50%；中南地区资产总额合计由第 3 位上升到第 2 位，2020 年达到 6.46 万亿元，是 2011 年的 3.63 倍，平均增速为 15.39%，排在第 3 位，资产总额合计占全国的比重呈上升趋势，平均增速 2.08%；华北地区资产总额合计从第 2 位下降到第 3 位，2020 年达到 5.63 万亿元，是 2011 年的 2.77 倍，平均增速为 11.99%，排在第 4 位，资产总额合计占全国的比重略有下降，平均降速为 0.93%；西南地区资产总额合计一直排在第 4 位，2020 年为 3.96 万亿元，是 2011 年的 3.99 倍，平均增速为 16.71%，排在第 2 位，资产总额合计占全国的比重呈上升趋势，平均增速为 3.15%；西北地区资产总额合计从第 6 位上升到第 5 位，2020 年为 1.94 万亿元，是 2011 年的 4.33 倍，平均增速为 17.67%，排在第 1 位，资产总额合计占全国的比重呈上升趋势，平均增速 4.09%；东北地区资产总额合计从第 5 位下降到第 6 位，2020 年为 1.17 万亿元，是 2011 年的 1.78 倍，平均增速为 6.64%，排在第 6 位，资产总额合计占全国的比重呈下降趋势，平均降速为 5.67%。

3.1.7 利润总额合计

2011—2020 年，我国六大区域建筑业利润总额合计的情况如图 3-6 所示。

2011—2020 年，除东北外，其他五大区域利润总额合计均保持增长态势。华东地区利润总额合计一直排在第 1 位，2020 年达到 3272.37 亿元，是 2011 年的 1.84 倍，平均增速为 6.99%，排在第 5 位，利润总额合计占全国的比重有所

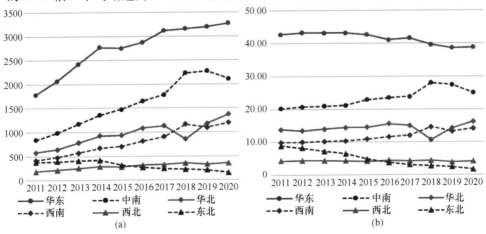

图 3-6 2011—2020 年六大区域利润总额合计
（a）利润总额合计（亿元）；（b）利润总额合计占全国比重（%）
资料来源：国家统计局《国家数据》《中国统计年鉴》

下降，平均降速为 1.09%；中南地区利润总额合计一直排在第 2 位，2020 年达到 2113.01 亿元，是 2011 年的 2.51 倍，平均增速为 10.78%，排在第 2 位，利润总额合计占全国的比重呈上升趋势，平均增速为 2.42%；华北地区利润总额合计除 2018 年外一直排在第 3 位，2020 年达到 1368.80 亿元，是 2011 年的 2.37 倍，平均增速为 10.05%，排在第 3 位，利润总额合计占全国的比重呈上升趋势，平均增速为 1.75%；西南地区利润总额合计除 2018 年外一直排在第 4 位，2020 年为 1193.72 亿元，是 2011 年的 2.88 倍，平均增速为 12.47%，排在第 1 位，利润总额合计占全国的比重呈上升趋势，平均增速为 3.98%；西北地区利润总额合计从第 6 位上升到第 5 位，2020 年为 352.30 亿元，是 2011 年的 1.95 倍，平均增速为 7.69%，排在第 4 位，利润总额合计占全国的比重略有下降，平均降速 0.44%；东北地区利润总额合计从第 5 位下降到第 6 位，2020 年为 147.54 亿元，是 2011 年的 0.40 倍，平均降速为 9.77%，利润总额合计占全国的比重呈下降趋势，平均降速为 16.58%。

3.1.8　2020 年常规分类的六大区域建筑业主要指标排序分析

2020 年常规分类的六大区域建筑业主要指标位次排序、占全国比重排序结果见表 3-1。

2020 年常规分类的六大区域建筑业主要指标位次排序　　表 3-1

区域	建筑业增加值		营业收入		建筑业总产值		本年新签合同额		资产总额		利润总额	
	位次	占比(%)	位次	占比(%)	位次	占比(%)	位次	占比(%)	位次	占比(%)	位次	占比(%)
华东	1	37.66	1	40.47	1	42.26	1	38.64	1	32.31	1	38.74
中南	2	25.57	2	24.68	2	24.93	2	25.91	2	22.81	2	25.01
西南	3	16.95	4	12.39	3	13.52	3	13.36	4	13.99	4	14.13
华北	4	9.06	3	13.57	4	11.17	4	13.26	3	19.91	3	16.20
西北	5	6.92	5	5.97	5	5.45	5	5.99	5	6.84	5	4.17
东北	6	3.83	6	2.92	6	2.66	6	2.85	6	4.13	6	1.75

3.2　八大经济区域的建筑业发展状况分析

3.2.1　八大经济区域的构成

我国八大经济区域包括东北地区、北部沿海、东部沿海、南部沿海、黄河中游、长江中游、西南地区和大西北地区。东北地区与常规分类相同；北部沿海包括北京、天津、河北、山东4个地区；东部沿海包括上海、江苏、浙江3个地区；南部沿海包括福建、广东、海南3个地区；黄河中游包括山西、内蒙古、河南、陕西4个地区；长江中游包括安徽、江西、湖北、湖南4个地区；西南地区包括广西、重庆、四川、贵州、云南5个地区；大西北地区包括西藏、甘肃、青海、宁夏、新疆5个地区。

3.2.2 建筑业增加值

2011—2020年，我国八大经济区域建筑业增加值的情况如图3-7所示。

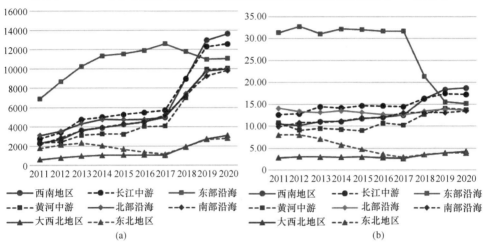

图3-7 2011—2020年八大经济区域建筑业增加值
（a）建筑业增加值（亿元）；（b）建筑业增加值占全国比重（%）
资料来源：国家统计局《国家数据》《中国统计年鉴》

2011—2020年，各大经济区域建筑业增加值均保持增长态势。

西南地区建筑业增加值从第5位上升到第1位，2020年达到1.36万亿元，是2011年的5.87倍，平均增速为21.74%，排在第1位，建筑业增加值占全国的比重呈上升趋势，平均增速为6.58%；长江中游建筑业增加值由第3位上升到第2位，2020年达到1.26万亿元，是2011年的4.52倍，平均增速为18.24%，排在第3位，建筑业增加值占全国的比重呈上升趋势，平均增速3.52%；东部沿海建筑业增加值从第1位下滑到第3位，2020年为1.11万亿元，是2011年的1.60倍，平均增速为5.36%，排在第7位，建筑业增加值占全国的比重呈下降趋势，平均降速为7.75%；黄河中游从第4位下降到第6位，一段时间后又回升到第4位，2020年达到1.01万亿元，是2011年4.23倍，平均增速为17.39%，排在第5位，建筑业增加值占全国的比重呈上升趋势，平均增速 2.78%；北部沿海建筑业增加值从第 2 位下降到第 5 位，2020 年为 1.00 万亿元，是 2011 年的 3.21 倍，平均增速为 13.82%，排在第 6 位，建筑业增加值占全国的比重呈下降趋势，平均降速为 0.35%；南部沿海建筑业增加值曾第 6 位上升到第 3 位，之后又下降到第 6 位，2020 年为 0.98 万亿元，是 2011 年的 4.51 倍，平均增速为 18.21%，排在第 4 位，建筑业增加值占全国的比重呈上升趋势，平均增速为 3.50%；大西北地区从第 8 位上升到第 7 位，2020 年为 0.31 万亿元，是 2011 年的 5.04 倍，平均增速为 19.67%，排在第 2 位，建筑业增加值占全国的比重呈上升趋势，平均增速为 4.78%；东北地区建筑业增加值从第 7 位下降到第 8 位，2020 年为 0.28 万亿元，是 2011 年的 1.58 倍，平均增速为 5.22%，排在第 8 位，建筑业增加值占全国的比重呈下降趋势，平均降速为 7.88%。

3.2.3 营业收入

2011—2020 年，我国八大经济区域营业收入的情况如图 3-8 所示。

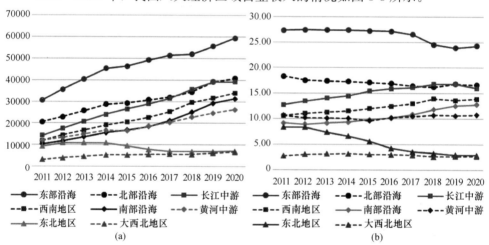

图 3-8 2011—2020 年八大经济区域营业收入
(a) 营业收入（亿元）；(b) 营业收入占全国比重（%）
资料来源：国家统计局《国家数据》《中国统计年鉴》

2011—2020 年，除东北地区外，其他各大经济区域营业收入均保持增长态势。东部沿海营业收入一直保持在第 1 位，2020 年为 5.94 万亿元，是 2011 年的 1.94 倍，平均增速为 7.65%，排在第 7 位，营业收入占全国的比重呈下降趋势，平均降速为 1.31%；北部沿海营业收入基本保持在第 2 位，2020 年为 4.08 万亿元，是 2011 年的 1.98 倍，平均增速为 7.91%，排在第 6 位，营业收入占全国的比重呈下降趋势，平均降速为 1.07%；长江中游营业收入基本保持在第 3 位，2020 年达到

3.92万亿元，是2011年的2.75倍，平均增速为11.89%，排在第3位，营业收入占全国的比重呈上升趋势，平均增速为2.58%；西南地区营业收入基本保持在第4位，2020年达到3.40万亿元，是2011年的2.86倍，平均增速为12.39%，排在第2位，营业收入占全国的比重呈上升趋势，平均增速为3.04%；南部沿海营业收入从第6位上升到第5位，2020年为3.13万亿元，是2011年的3.04倍，平均增速为13.17%，排在第1位，营业收入占全国的比重呈上升趋势，平均增速为3.75%；黄河中游从第5位下降到第6位，2020年为2.63万亿元，是2011年2.20倍，平均增速为9.17%，排在第5位，营业收入占全国的比重呈上升趋势，平均增速0.08%；东北地区营业收入基本保持在第7位，2020年为0.71万亿元，是2011年的0.76倍，平均降速为2.94%，营业收入占全国的比重呈下降趋势，平均降速为11.02%；大西北地区营业收入一直排在第8位，2020年为0.67万亿元，是2011年的2014倍，平均增速为8.83%，排在第5位，营业收入占全国的比重呈下降趋势，平均降速为0.23%。

3.2.4 建筑业总产值

2011—2020年，我国八大经济区域建筑业总产值的情况如图3-9所示。

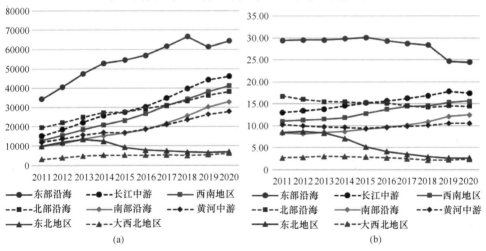

图3-9　2011—2020年八大经济区域建筑业总产值
(a) 建筑业总产值（亿元）；(b) 建筑业总产值占全国比重（%）
资料来源：国家统计局《国家数据》《中国统计年鉴》

2011—2020年，除东北地区外，各大经济区域建筑业总产值均保持增长态势。东部沿海建筑业总产值一直排在第1位，2020年达到6.45万亿元，是2011年的1.88倍，平均增速为7.25%，排在第7位，建筑业总产值占全国的比重呈下降趋势，平均降速为 2.07%；长江中游建筑业总产值由第 3 位上升到第 2 位，2020 年达到 4.60 万亿元，是 2011 年的 3.03 倍，平均增速为 13.10%，排在第 3 位，建筑业总产值占全国的比重呈上升趋势，平均增速 3.27%；西南地区建筑业总产值从第 4 位上升到第 3 位，2020 年达到 4.12 万亿元，是 2011 年的 3.21 倍，平均增速为 13.85%，排在第 2 位，建筑业总产值占全国的比重呈上升趋势，平均增速为 3.96%；北部沿海建筑业总产值从第 2 位下降到第 4 位，2020 年为 3.82 万亿元，是 2011 年的 1.96 倍，平均增速为 7.76%，排在第 6 位，建筑业总产值占全国的比重呈下降趋势，平均降速为 1.60%；南部沿海建筑业总产值从第 7 位上升到第 5 位，2020 年为 3.29 万亿元，是 2011 年的 3.39 倍，平均增速为 14.52%，排在第 1 位，建筑业总产值占全国的比重呈上升趋势，平均增速为 4.57%；黄河中游从第 5 位下降到第 6 位，2020 年为 2.79 万亿元，是 2011 年 2.34 倍，平均增速为 9.91%，排在第 4 位，建筑业总产值占全国的比重呈微升趋势，平均增速为 0.36%；东北地区建筑业总产值从第 6 位下降到第 7 位，2020 年为 0.70 万亿元，是 2011 年的 0.71 倍，平均降速为 3.71%，建筑业总产值占全国的比重呈下降趋势，平均降速 12.07%；大西北地区一直排在第 8 位，2020 年为 0.62 万亿元，是 2011 年的 1.99 倍，平均增速为 7.92%，排在第 5 位，建筑业总产值占全国的比重呈下降趋势，平均降速为 1.46%。

3.2.5 本年新签合同额

2011—2020 年，我国八大经济区域本年新签合同额的情况如图 3-10 所示。

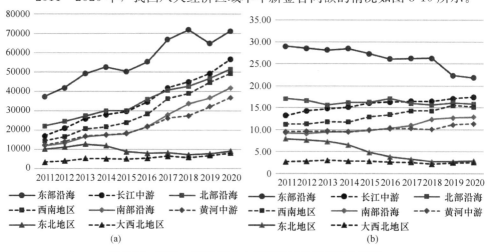

图 3-10 2011—2020 年八大经济区域本年新签合同额
(a) 本年新签合同额（亿元）；(b) 本年新签合同额占全国比重（%）
资料来源：国家统计局《国家数据》《中国统计年鉴》

2011—2020年，除东北地区外，各大经济区域本年新签合同额均保持增长态势。东部沿海本年新签合同额一直排在第1位，2020年为7.12万亿元，是2011年的1.90倍，平均增速为7.42%，排在第7位，本年新签合同额占全国的比重呈下降趋势，平均降速为3.08%；长江中游本年新签合同额由第3位上升到第2位，2020年达到5.67万亿元，是2011年的3.33倍，平均增速为14.32%，排在第3位，本年新签合同额占全国的比重呈上升趋势，平均增速为3.14%；北部沿海本年新签合同额从第2位下降到第3位，2020年为5.16万亿元，是2011年的2.34倍，平均增速为9.92%，排在第6位，本年新签合同额占全国的比重呈下降趋势，平均降速为0.83%；西南地区本年新签合同额一直排在第4位，2020年达到4.93万亿元，是2011年的3.41倍，平均增速为14.61%，排在第2位，本年新签合同额占全国的比重呈上升趋势，平均增速为3.41%；南部沿海本年新签合同额从第6位上升到第5位，2020年为4.19万亿元，是2011年的3.51倍，平均增速为14.95%，排在第1位，本年新签合同额占全国的比重呈上升趋势，平均增速为3.71%；黄河中游从第5位下降到第6位，2020年达到3.69万亿元，是2011年3.00倍，平均增速为12.97%，排在第4位，本年新签合同额占全国的比重呈上升趋势，平均增速为1.92%；东北地区本年新签合同额一直排在第7位，2020年为0.93万亿元，是2011年的0.91倍，平均降速为1.09%，本年新签合同额占全国的比重呈下降趋势，平均降速为10.76%；大西北地区本年新签合同额一直排在第8位，2020年为0.83万亿元，是2011年的2.39倍，平均增速为10.19%，排在第5位，本年新签合同额占全国的比重呈下降趋势，平均降速为0.59%。

3.2.6 资产总额合计

2011—2020年，我国八大经济区域资产总额合计的情况如图3-11所示。

2011—2020年，各大经济区域资产总额合计均保持增长态势。

北部沿海资产总额合计从第2位上升到第1位，2020年为6.31万亿元，是2011年的2.81倍，平均增速为12.15%，排在第6位，资产总额合计占全国的比重呈微降趋势，平均降速为0.80%；东部沿海资产总额合计从第1位下降到第2位，2020年为5.26万亿元，是2011年的2.29倍，平均增速为9.65%，排在第7位，资产总额合计占全国的比重呈下降趋势，平均降速为3.01%；西南地区资产总额合计一直保持在第3位，2020年达到4.27万亿元，是2011年的3.96倍，平均增速为16.52%，排在第3位，资产总额合计占全国的比重呈上升趋势，平均增速为3.07%；长江中游资产总额合计一直排在第4位，2020年达到3.81万亿元，是2011年的3.56倍，平均增速为15.15%，排在第4位，资产

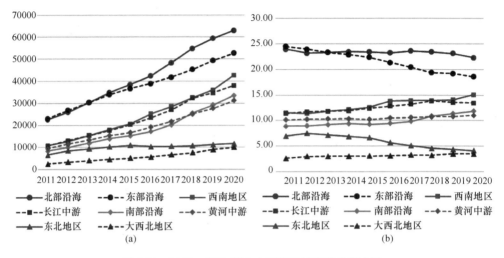

图 3-11 2011—2020 年八大经济区域资产总额合计
(a) 资产总额合计（亿元）；(b) 资产总额合计占全国比重（%）
资料来源：国家统计局《国家数据》《中国统计年鉴》

总额合计占全国的比重呈上升趋势，平均增速为 1.86%；南部沿海资产总额从第 6 位上升到第 5 位，2020 年为 3.35 万亿元，是 2011 年的 4.01 倍，平均增速为 16.68%，排在第 2 位，资产总额合计占全国的比重呈上升趋势，平均增速为 3.50%；黄河中游资产总额合计从第 5 位下降到第 6 位，2020 年为 3.12 万亿元，是 2011 年 3.29 倍，平均增速为 14.16%，排在第 5 位，资产总额合计占全国的比重呈微升趋势，平均增速为 0.98%；东北地区资产总额合计一直保持在第 7 位，2020 年为 1.17 万亿元，是 2011 年的 1.78 倍，平均增速为 6.64%，排在第 8 位，资产总额合计占全国的比重呈下降趋势，平均降速为 5.67%；大西北地区资产总额合计一直保持在第 8 位，2020 年为 1.00 万亿元，是 2011 年的 4.03 倍，平均增速为 16.75%，排在第 1 位，资产总额合计占全国的比重呈上升趋势，平均增速为 3.27%。

3.2.7 利润总额合计

2011—2020 年，我国八大经济区域利润总额合计的情况如图 3-12 所示。

2011—2020 年，除东北地区外，其他各大经济区域利润总额合计均保持增长态势。东部沿海利润总额合计一直排在第 1 位，2020 年为 1977.52 亿元，是 2011 年的 1.68 倍，平均增速为 5.96%，排在第 7 位，利润总额合计占全国的比重呈下降趋势，平均降速为 2.04%；北部沿海利润总额合计除 2018 年、2019 两年外均排在第 2 位，2020 年为 1620.71 亿元，是 2011 年的 2.27 倍，平均增速

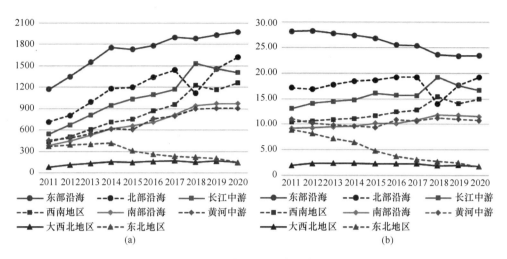

图 3-12 2011—2020 年八大经济区域利润总额合计
(a) 利润总额合计（亿元）；(b) 利润总额合计占全国比重（%）
资料来源：国家统计局《国家数据》《中国统计年鉴》

为 9.52%，排在第 4 位，利润总额合计占全国的比重呈上升趋势，平均增速为 1.25%；长江中游利润总额合计除 2018 年、2019 年两年外均排在第 3 位，2020 年达到 1407.96 亿元，是 2011 年的 2.58 倍，平均增速为 11.10%，排在第 2 位，利润总额合计占全国的比重呈上升趋势，平均增速为 2.72%；西南地区利润总额合计除 2018 年外均排在第 4 位，2020 年达到 1262.43 亿元，是 2011 年的 2.90 倍，平均增速为 12.57%，排在第 1 位，利润总额合计占全国的比重呈上升趋势，平均增速为 4.07%；南部沿海利润总额合计从第 6 位上升到第 5 位，2020 年为 973.78 亿元，是 2011 年的 2.53 倍，平均增速为 10.87%，排在第 3 位，利润总额合计占全国的比重呈上升趋势，平均增速为 2.50%；黄河中游利润总额合计从第 5 位下降到第 6 位，2020 年为 908.73 亿元，是 2011 年 1.98 倍，平均增速为 7.88%，排在第 5 位，利润总额合计占全国的比重呈微降趋势，平均降速为 0.26%；大西北地区从第 8 位上升到第 7 位，2020 年为 149.07 亿元，是 2011 年的 1.81 倍，平均增速为 6.83%，排在第 6 位，利润总额合计占全国的比重呈下降趋势，平均降速为 1.24%；东北地区利润总额合计从第 7 位下降到第 8 位，2020 年为 147.54 亿元，是 2011 年的 0.40 倍，平均降速为 9.77%，利润总额合计占全国的比重呈下降趋势，平均降速为 16.58%。

3.2.8 2020 年八大经济区域建筑业主要指标排序分析

2020 年八大区域建筑业主要指标位次排序、占全国比重排序结果见表 3-2。

2020年八大经济区域建筑业主要指标位次排序　　　表 3-2

区域	建筑业增加值		营业收入		建筑业总产值		本年新签合同额		资产总额		利润总额	
	位次	占比(%)	位次	占比(%)	位次	占比(%)	位次	占比(%)	位次	占比(%)	位次	占比(%)
东部沿海	3	15.15	1	24.25	1	24.42	1	21.89	2	18.60	1	23.41
北部沿海	5	13.64	2	16.66	4	14.47	3	15.87	1	22.29	2	19.19
长江中游	2	17.23	3	16.03	2	17.43	2	17.44	4	13.45	3	16.67
西南地区	1	18.66	4	13.89	3	15.63	4	15.17	3	15.10	4	14.94
南部沿海	6	13.46	5	12.77	5	12.48	5	12.90	5	11.85	5	11.53
黄河中游	4	13.77	6	10.76	6	10.56	6	11.34	6	11.04	6	10.76
东北地区	8	3.83	7	2.92	7	2.66	7	2.85	7	4.13	8	1.75
大西北地区	7	4.25	8	2.73	8	2.35	8	2.54	8	3.54	7	1.76

3.3 三大地带建筑业发展状况分析

3.3.1 三大地带的构成

我国三大地带包括东部地带、中部地带和西部地带。东部地带包括北京、天津、河北、辽宁、上海、江苏、浙江、福建、山东、广东、海南11个地区；中部地带包括山西、吉林、黑龙江、安徽、江西、河南、湖北、湖南8个地区；西部地带包括内蒙古、广西、重庆、四川、贵州、云南、西藏、陕西、甘肃、青海、宁夏、新疆12个地区。

3.3.2 建筑业增加值

2011—2020年，我国三大地带建筑业增加值的情况如图3-13所示。

2011—2020年，三大地带建筑业增加值均保持增长态势。东部地带建筑业增加值一直保持领先，2020年达到3.24万亿元，是2011年的2.43倍，平均增速为10.38%，排在第3位，建筑业增加值占全国的比重呈下降趋势，平均降速为3.37%；西部地带建筑业增加值前些年一直排在第3位，但2020年超过中部地带排到了第2位，2020年达到2.07万亿元，是2011年的5.27倍，平均增速为20.27%，排在第1位，建筑业增加值占全国的比重呈上升趋势，平均增速为5.30%；中部地带建筑业增加值前些年一直排在第2位，但2020年被西部地带

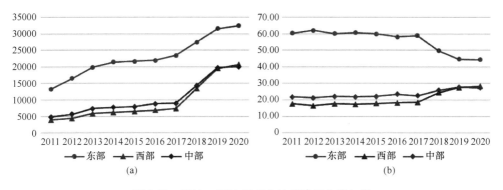

图 3-13　2011—2020 年三大地带建筑业增加值
(a) 建筑业增加值（亿元）；(b) 建筑业增加值占全国比重（%）
资料来源：国家统计局《国家数据》《中国统计年鉴》

反超降到了第 3 位，2020 年为 1.24 万亿元，是 2011 年的 5.94 倍，平均增速为 21.88%，排在第 1 位，建筑业增加值占全国的比重呈上升趋势，平均增速为 6.71%。

3.3.3　营业收入

2011—2020 年，我国三大地带建筑业营业收入的情况如图 3-14 所示。

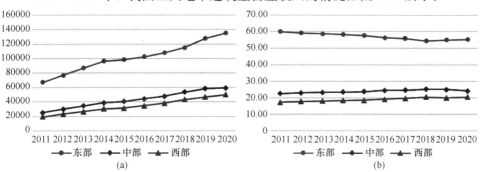

图 3-14　2011—2020 年三大地带建筑业营业收入
(a) 营业收入（亿元）；(b) 营业收入占全国比重（%）
资料来源：国家统计局《国家数据》《中国统计年鉴》

2011—2020 年，三大地带建筑业营业收入均保持增长态势。东部地带建筑业营业收入一直保持领先，2020 年达到 13.53 万亿元，是 2011 年的 2.01 倍，平均增速为 8.08%，排在第 3 位，建筑业营业收入占全国的比重呈微降趋势，平均降速为 0.91%；中部地带建筑业营业收入一直排在第 2 位，2020 年达到 5.93 万亿元，是 2011 年的 2.34 倍，平均增速为 9.91%，排在第 2 位，建筑业营业收入占全国的比重呈微升趋势,平均增速为 0.76%;西部地带建筑业营业收入一直排在第 3 位,2020 年为 2.45 万亿元,是 2011 年的 2.58 倍,平均增速为 11.12%,排在第 1 位,建筑业营业收入占全国的比重呈上升趋势,平均增速为 1.87%。

3.3.4 建筑业总产值

2011—2020 年,我国三大地带建筑业建筑业总产值的情况如图 3-15 所示。

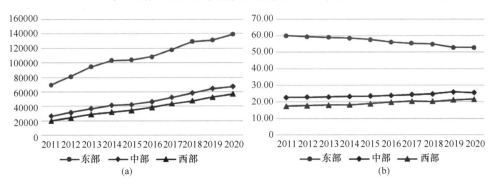

图 3-15 2011—2020 年三大地带建筑业总产值
(a) 建筑业总产值(亿元);(b) 建筑业总产值占全国比重(%)
资料来源:国家统计局《国家数据》《中国统计年鉴》

2011—2020 年,三大地带建筑业总产值均保持增长态势。东部地带建筑业总产值一直保持领先,2020 年达到 13.94 万亿元,是 2011 年的 2.00 倍,平均增速为 8.00%,排在第 3 位,建筑业总产值占全国的比重呈下降趋势,平均降速为 1.39%;中部地带建筑业总产值一直排在第 2 位,2020 年达到 6.75 万亿元,是 2011 年的 2.55 倍,平均增速为 10.96%,排在第 2 位,建筑业总产值占全国的比重呈上升趋势,平均增速为 1.32%;西部地带建筑业总产值一直排在第 3 位,2020 年为 5.71 万亿元,是 2011 年的 2.82 倍,平均增速为 12.20%,排在第 1 位,建筑业总产值占全国的比重呈上升趋势,平均增速为 2.45%。

3.3.5 本年新签合同额

2011—2020 年,我国三大地带建筑业本年新签合同额的情况如图 3-16 所示。

2011—2020 年,三大地带本年新签合同额均保持增长态势。东部地带本年新签合同额一直保持领先,2020 年达到 16.99 万亿元,是 2011 年的 2.18 倍,平均增速为 9.03%,排在第 3 位,本年新签合同额占全国的比重呈下降趋势,

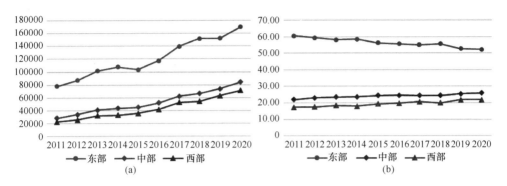

图 3-16　2011—2020 年三大地带本年新签合同额
(a) 本年新签合同额（亿元）；(b) 本年新签合同额占全国比重（%）
资料来源：国家统计局《国家数据》《中国统计年鉴》

平均降速为 1.63%；中部地带本年新签合同额一直排在第 2 位，2020 年达到 8.42 万亿元，是 2011 年的 2.97 倍，平均增速为 12.87%，排在第 2 位，本年新签合同额占全国的比重呈上升趋势，平均增速为 1.83%；西部地带本年新签合同额一直排在第 3 位，2020 年为 7.10 万亿元，是 2011 年的 3.16 倍，平均增速为 13.65%，排在第 1 位，本年新签合同额占全国的比重呈上升趋势，平均增速为 2.54%。

3.3.6　资产总额合计

2011—2020 年，我国三大地带建筑业资产总额合计的情况如图 3-17 所示。

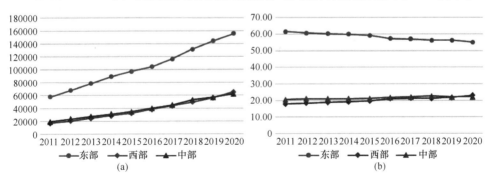

图 3-17　2011—2020 年三大地带资产总额合计
(a) 资产总额合计（亿元）；(b) 资产总额合计占全国比重（%）
资料来源：国家统计局《国家数据》《中国统计年鉴》

2011—2020 年，三大地带资产总额合计均保持增长态势。东部地带资产总额合计一直保持领先，2020 年达到 15.57 万亿元，是 2011 年的 2.69 倍，平均增速为11.63%，排在第3位，资产总额合计占全国的比重呈下降趋势，平均降速为1.25%；西部地带资产总额合计前些年一直排在第3位，但2020年超过中部地带上升到第2位，达到6.52万亿元，是2011年的3.90倍，平均增速为16.32%，排在第2位，资产总额合计占全国的比重呈上升趋势，平均增速为2.90%；中部地带资产总额合计前些年一直排在第2位，但2020年被西部地带反超降到第3位，为6.22万亿元，是2011年的3.22倍，平均增速为13.87%，排在第2位，资产总额合计占全国的比重呈微升趋势，平均增速为0.72%。

3.3.7 利润总额合计

2011—2020年，我国三大地带建筑业利润总额合计的情况如图3-18所示。

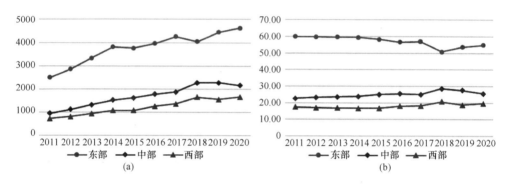

图3-18 2011—2020年三大地带利润总额合计
(a) 利润总额合计（亿元）；(b) 利润总额合计占全国比重（%）
资料来源：国家统计局《国家数据》《中国统计年鉴》

2011—2020年，三大地带利润总额合计均保持增长态势。东部地带利润总额合计一直保持领先，2020年达到4634.39亿元，是2011年的1.86倍，平均增速为7.11%，排在第3位，利润总额合计占全国的比重呈微降趋势，平均降速为0.98%；中部地带利润总额合计一直排在第2位，2020达到2157.26亿元，是2011年的2.29倍，平均增速为9.63%，排在第1位，利润总额合计占全国的比重呈上升趋势，平均增速为1.35%；西部地带利润总额合计一直排在第3位，2020年为1656.09亿元，是2011年的2.28倍，平均增速为9.58%，排在第2位，利润总额合计占全国的比重呈上升趋势，平均增速1.31%。

3.3.8 2020年三大地带建筑业主要指标排序分析

2020年三大地带建筑业主要指标位次排序、占全国比重排序结果见表3-3。

2020年三大地带建筑业主要指标位次排序 表3-3

地带	建筑业增加值		营业收入		建筑业总产值		本年新签合同额		资产总额		利润总额	
	位次	占比(%)	位次	占比(%)	位次	占比(%)	位次	占比(%)	位次	占比(%)	位次	占比(%)
东部	1	44.36	1	55.25	1	52.82	1	52.24	1	55.00	1	54.86
中部	3	27.36	2	24.21	2	25.56	2	25.91	3	21.97	2	25.54
西部	2	28.29	3	20.54	3	21.62	3	21.85	2	23.03	3	19.60

第4章 建筑业发展热点问题研究

本报告根据行业主流媒体、相关报刊杂志发表的有关建筑业发展的学术论文，总结出建筑业高质量发展、建筑业企业转型升级、智能建造与建筑工业化协同发展、新型建筑工业化、工程总承包、PPP模式、全过程咨询、建筑产业工人队伍培育等8个方面的22类突出问题和热点问题进行研讨。

4.1 建筑业高质量发展

4.1.1 建筑业高质量发展的挑战与路径研究

中国工程院院士丁烈云[1]认为：建筑业应当抓住新一轮科技革命机遇，营造信息共享、协作的市场环境，大力推进信息技术与建筑业深度融合的智能建造，推动建筑业转型升级，以人工智能为代表的通用信息技术与行业应用紧密结合，通过深度开发形成适用于行业领域的专业技术，建立建造全过程数字化技术体系。

叶浩文[2]认为：我国建筑业主要依赖资源要素投入、大规模投资拉动发展，建筑工业化、信息化水平较低，生产方式粗放、劳动效率不高、能源资源消耗较大、科技创新能力不足等问题还比较突出。2020年受新冠肺炎疫情影响，传统建造方式受到较大冲击，粗放型发展模式已难以为继，迫切需要通过加快推动智能建造与建筑工业化协同发展，走出一条内涵集约式高质量发展新路。

王海山[3]认为：建筑业作为国民经济支柱产业之一，在为我国经济建设作出积极贡献的同时，仍存在工业化程度低、技术落后、工程质量和安全问题时有发生等不足。同时，新冠疫情对行业发展和社会治理产生了巨大影响，粗放的传统建设方式已经不能满足新时代行业核心业务的需求，建筑行业亟须转变发展方

---

[1] 丁烈云. 智能建造将带来哪些变革[J]. 施工企业管理，2020(12)：33-34.
[2] 王铁宏，丁烈云，叶浩文. 推动智能建造和建筑工业化协同发展 促进建筑业加快高质量转型升级步伐[N]. 中国建设报，2020-11-20(006).
[3] 王海山. "工业化+数字化"工程建设企业"十四五"规划展望——新结构经济学视角下的建筑业企业转型升级[J]. 建筑，2020(19)：12-17.

式,以"工业化+数字化"推动行业转型升级。

孙明春和夏韵[1]指出:建筑是全球温室气体排放的重要来源。建筑物照明、采暖制冷设备和其他装置消耗了全球约40%的能源,这些能耗所产生碳排放相当于全球碳排放量的21%。因此,发展绿色建筑、加强低碳技术在建筑领域的创新、推广和应用是减少温室气体排放的主要路径,对中国实现"30·60"碳达峰、碳中和的目标尤为重要。

王彬武[2]指出:要提升建筑业国际化竞争优势,通过降低保函成本,支持企业参与融资建设市场,扩大国际市场份额;要通过放开市场竞争,支持企业的差异化发展,提高工程的管理能力、技术创新能力、融资投资管理能力、社会影响力;要通过企业的扁平化组织改革,提高国际承包企业的独立性和自主性;要通过中国工程标准的国际化和国际工程标准的学习掌握,提高国际市场参与的主动性;要通过建立综合性的企业服务平台,为国际市场进入、市场信息、风险提示预警提供良好服务。

4.1.2 建筑业高质量发展的评价标准

杨承乾、熊华平和李木子[3]认为:建筑业发展质量就是建筑业发展过程中"固有属性"满足需要的程度。"满足需要"是一个多维的概念,从五大发展理念出发,具体表现为满足创新发展需要、协调发展需要、绿色发展需要、开放发展需要和共享发展需要。三位学者以五大发展理念为指导思想,从建筑业增长和发展质量两个角度出发,构建由建筑业规模增长、增长稳定性、创新发展、协调发展、绿色发展、开放发展和共享发展7个评价子系统组成的建筑业高质量发展测度体系。

傅为忠、黄帅[4]指出:在国家经济提质增速、产业换代升级进入高质量发展的时代背景下,如何科学地对建筑业发展水平进行多维度衡量,并识别出行业高质量发展的主要影响因素,已成为行业内关注的热点。在前人研究成果的基础上,他们分析了影响建筑业高质量发展的优势、劣势因素,以五大发展理念为指导,遵循目的性、科学性、系统性、灵敏性等原则,构建了包括发展规模、发展潜力、社会效益、经济效益、自然环境、生活环境、资源消耗、创新发展8个状

---

[1] 孙明春,夏韵.绿色建筑助力实现"双碳"目标[N].第一财经日报,2021-11-17(A11).
[2] 王彬武.新时代建筑业改革与发展的路径选择(下)[J].建筑,2018(20):26-28.
[3] 杨承乾,熊华平,李木子.湖北省建筑业高质量发展评价研究[J].建筑经济,2020,41(12):15-20.
[4] 傅为忠,黄帅.基于熵值法和聚类分析法的建筑业高质量发展评价研究——以长三角城市群为例[J].工程管理学报,2021,35(01):7-12.

态和37个指标的建筑业高质量发展评价指标体系，之后运用熵权法和聚类分析法对长三角27个中心城市的建筑业高质量发展水平进行实证分析，得到了上海是长三角建筑业高质量发展水平最高的城市等结论。

管丹丹、朱建君[1]在已有文献的基础上，结合新发展理念和建筑业高质量发展内涵，选取了5项维度和22个指标，运用DPSIR模型建立建筑业高质量发展评价指标体系，在DPSIR模型中，D代表"驱动力"，是指有助于提高建筑业高质量发展水平的驱动因素；P代表"压力"，指阻碍建筑业高质量发展的因素；S代表"状态"，指建筑业高质量发展过程中，在"压力"作用下所处的状态；I代表"影响"，指建筑业高质量发展对社会、经济结构、环境等影响的程度；R代表"响应"，指为实现建筑业高质量发展而采取的有效措施。

高华建、李小冬、高晓江[2]认为：有关建筑业高质量发展评价指标体系的研究尚处在起步阶段，以往研究多是基于旧常态理念下构建的指标体系，指标体系的框架设计主要体现建筑业的规模、效率等外部的宏观表现，而对建筑业产品品质、社会效益、国际化程度以及建造过程等内在发展目标反映不足，无法准确测度和有效引导建筑业的高质量发展。三位学者采用文献调研法和专家咨询法构建指标体系，在文献调研的基础上，提炼出建筑业高质量发展评价的一、二级维度，最终确定了包括宏观表现、建筑产品、社会效益、国际化、建造过程5个一级维度和行业规模、效率效益、结构秩序、质量安全等17个二级维度在内的指标体系的框架，针对每个二级维度选取了三级指标，同时开展两轮专家咨询对整个指标体系进行完善，并通过直接打分法和层次分析法确定了各项指标的权重。之后以北京市为实例验证了指标体系的可靠性，并提出了相应发展建议。

高华建、李小冬[3]立足建筑业发展现状和趋势，将建筑业高质量发展内涵定义为产业基础高级化、建筑产品高性能、社会效益显著化、发展格局国际化以及建造过程现代化，以此为基础构建了包含5项一级维度、17项二级维度以及30项可测度指标的建筑业高质量发展评价指标体系，并以北京、上海、天津与重庆4个直辖市为实例验证了指标体系的可用性和有效性。

---

[1] 管丹丹，朱建君．基于DPSIR-PCA模型的江苏省建筑业高质量发展评价研究［J］．工程管理学报，2021，35（02）：6-10．

[2] 高华建，李小冬，高晓江．建筑业高质量发展评价指标体系研究［J］．工程管理学报，2021，35（01）：1-6．

[3] 高华建，李小冬．基于物元可拓模型的建筑业高质量发展评价研究［J］．建筑经济，2021，42（11）：85-89．

4.2 建筑业企业转型升级

4.2.1 建筑业企业面临的机遇和挑战

"一带一路"国际工程的机遇和挑战。胡秋越和屈永平[1]指出：一方面，"一带一路"沿线相当一部分国家和地区正面领着重大的基础设施建设任务，未来几年，"一带一路"沿线铁路、公路、机场和水利建设等基础设施互联互通项目将优先发展，建筑业企业"走出去"大有可为；另一方面，机遇总是与风险并存，中国企业包括国际建筑企业"走出去"正遭遇语言、人才、法律、宗教、国情、商务管理、建筑标准、文化冲突、国际化与本地化等各种各样的难题和挑战，这些挑战不断刷新着国人的认知、做法和经验。

乡村振兴战略创造发展新机遇。马健峰[2]指出：实施乡村振兴战略，是党的十九大作出的重大决策，是决胜全面建成小康社会的一项重大战略任务。2018年9月，中共中央、国务院印发《乡村振兴战略规划（2018—2022年）》，明确继续把基础设施建设重点放在农村，持续加大投入力度，加快补齐农村基础设施短板，促进城乡基础设施互联互通，推动农村基础设施提档升级。而这些建设必须结合产业发展需求，这是建筑企业进入这类市场应该关注的前提条件。未来的发展趋势是在坚持走中国特色社会主义乡村振兴道路基础上，加快实现农业农村现代化。毫无疑问，美丽乡村、田园综合体和特色小镇建设是乡村振兴的重要平台，也为建筑企业带来了历史的机遇。建筑企业可抓住返乡干事创业的契机，携资金、技术与管理经验投身新时代农业农村发展的洪流，在乡村振兴之路上书写浓墨重彩的一笔。

装配式建筑高速发展带来的机遇和挑战。文林峰等[3]指出：习近平总书记高度重视生态文明建设和绿色发展，多次强调生态文明建设是关系中华民族永续发展的根本大计。当前，"大量建设、大量消耗、大量排放"的传统建造方式带来发展质量不高，与资源承载力不匹配，与新时代经济发展不适应等一系列问题。面对新时代、新形势、新任务，必须大力发展新型建造方式，培育新产业、新动能，形成绿色新兴生产力。推动装配式建筑发展是贯彻落实党中央国务院"创

---

[1] 胡秋越，屈永平. 关于当代建筑业发展与改革的初探[J]. 内江科技，2021，42（06）：138-139.
[2] 马健峰. 稳中求进深化转型—兼论2020年建筑业形势及企业发展策略[J]. 施工企业管理，2020（02）：29-31.
[3] 文林峰，刘美霞，武振，等. 积极推广装配式建筑，促进建筑业高质量发展[J]. 建设科技，2020（Z1）：14-19.

新、协调、绿色、开放、共享"五大发展理念,实施生态文明建设的重要举措,也是住房和城乡建设领域的绿色发展和高质量发展的重要抓手。发展装配式建筑本身是一个系统性工程,相较于传统现浇结构体系,装配式建筑带来了包括结构体系、生产方式和商业模式在内的一系列变化,它要求企业开发、设计、生产和装修等整个产业链条必须都是完整的,特别是工业化生产方式与施工生产方式能够有机结合,这对于目前很多企业来说依然是一个不小的挑战。同时,构件连接部位是装配式混凝土结构的薄弱环节,处理不当会形成安全隐患。装配式建筑的质量与安全、装配式建筑的成本偏高,既是国内外研究的技术关键,也是业界关注的焦点。

4.2.2 建筑业企业转型升级的主要方向

企业向工业化转型升级。王海山[①]指出:建筑工业化将是未来20年建筑产业发展最为重要的议题,按照中国的产业发展规划,到2025年将达到30%的装配率,按照2019年建筑业248446亿元产值为基准,2025年全国装配式建筑市场规模将达到至少14389亿元。企业在进行"十四五"规划战略时,应把"工业化"作为重要的战略选项。既然是绕不过去的,不如主动拥抱变化。企业应该根据自己的规模、所处发展阶段、技术积累等要素禀赋,确定自己的工业化战略。

企业向数字化转型升级。曹少卫[②]指出:"为推动建筑业转型升级、促进建筑业高质量发展,2020年7月,住房和城乡建设部等13部门联合发布《关于推动智能建造与建筑工业化协同发展的指导意见》,明确要围绕建筑业高质量发展总体目标,以大力发展建筑工业化为载体,以数字化、智能化升级为动力,形成涵盖科研、设计、生产加工、施工装配、运营等全产业链融合一体的智能建造产业体系;提出了2025年和2035年发展目标以及七项重点任务、五项保障措施。这是当前和今后一个时期指导建筑业转型升级、实现高质量发展的重要文件。2020年8月21日,国务院国资委印发《关于加快推进国有企业数字化转型工作的通知》,明确指出国有企业数字化转型的方向和重点,提出建筑业企业数字化转型的关键,要重点开展建筑信息模型、三维数字化协同设计、人工智能等技术的集成应用,提升施工项目数字化集成管理水平,推动数字化与建造全业务链的深度融合,助力智慧城市建设,着力提高BIM(建筑信息模型)技术覆盖率,创新管理模式和手段,强化现场环境监测、智慧调度、物资监管、数字交付等能

---

① 王海山.“工业化+数字化”工程建设企业十四五规划展望——基于新结构经济学视角的建筑业企业转型升级[J].企业改革与管理,2020(19):25-28.
② 曹少卫.推进数智化转型升级 加快高质量发展步伐[N].中国建设报,2021-06-01(006).

力,有效提高人均劳动效能。向数智化转型,已成为建筑业企业发展的必然要求。"

4.2.3 建筑业企业转型升级的关键路径

推动企业信息化建设。张宇[①]认为:"为了有效解决企业规模扩张与资源紧缺的矛盾,以及提升企业总部对施工项目的远程管控决策效率,推进管理标准化、信息化成为企业的必然选择。"杨骁[②]依托"十四五"的背景,针对建筑企业信息化转型升级进行全面分析,提出了以下路径:构建大数据平台,加强大数据的应用,当前已经步入大数据时代,为更好地适应建筑企业信息化管理的需要,实现建筑企业的顺利转型和升级,应切实注重企业大数据平台的建设,利用大数据平台,对企业在日常管理中各方面的数据信息实施集成化管理,并通过深挖数据信息,从中找到企业的发展现状、问题和趋势,为企业管理中各项决策的制定提供更加翔实的依据。完善管理模式,实施动态管理,"十四五"背景下信息化技术的应用,需要从传统的被动管理模式向动态管理模式转变,通过应用信息技术,使得企业的管理模式朝着扁平化和网络化的转变,尤其是从传统的管理理念向服务理念转变,对客户开展集成化和专业化的信息化管理,通过优化企业现有的管理模式和业务流程,使得企业的内外部资源传输更加畅通,信息资源共享更加高效,不同部门沟通更加顺畅,通过信息化管理来推动建筑企业走向可持续发展。以信息技术为载体,优化建筑企业人力资源管理,以信息化的管理理念指导人力资源管理工作,发挥信息技术的优势,转变管理人员的智能,从传统的管理人员向多元化的管理人员转变,为职工的发展、晋升和意见建议的提交等,提供信息化的交流平台。

推动企业绿色化建设。王铁宏[③]认为:"绿色发展是我国新时期重要的发展理念。我国的经济总量主要聚集在城市,要发展绿色经济必然要发展绿色城市,发展绿色城市必须发展绿色建筑。"杨涛和薛松[④]利用扎根理论从技术与制度维度提炼出 21 个企业绿色转型能力的内生性因素,利用 ISM 方法识别内生性因素影响路径,得出以下建议:最大限度掌握市场信息,市场需求是影响转型能力的

[①] 张宇.关于建筑施工企业转型升级的思考[J].企业改革与管理,2020(12):40-41.

[②] 杨骁."十四五"背景下建筑企业信息化转型升级之路[J].数字通信世界,2021(07):178-179.

[③] 王铁宏.贯彻新发展理念 加快建筑产业绿色化与数字化转型升级[N].中国建设报,2021-04-26(004).

[④] 杨涛,薛松.技术与制度交互视角下建筑企业绿色转型能力评估[J].工程管理学报,2020,34(03):17-22.

根本因素也是内生驱动因素。建筑企业应做好市场调研工作，实时关注地区规划、政府政策等信息变动，根据企业自身实际情况制定企业转型目标，并将转型升级目标贯穿建筑企业发展的各个环节之中，借助转型升级提高资源利用率，巩固自身优势，加大绿色创新资金投入，加快信息技术研发应用，推广 BIM 技术的投入使用，提升项目信息化与集成化水平。提升自身财务能力，财务能力既能体现一个企业综合实力的价值，同时也能体现生存与发展的竞争优势。稳定而充足的资金流是建筑企业绿色转型的保障，一方面以提高产值利润率为导向，合理配置资源，拓展融资渠道，增强企业投资能力；另一方面，为形成能够为企业创造持续竞争优势的财务能力，着力构建科学财务管理体系，加强企业财务管理。优化项目管理技能，项目管理技能既包括精细化管理能力，也包括人性化能力。优秀的项目管理人员应具备超凡的决策与执行能力，在建筑企业绿色转型中发挥着至关重要的作用。建筑企业应构建绿色知识学习共享平台，建立并完善人才招聘制度与培养体系，深化人才体制改革，助力产学研融合，加大引入研发和技术人才，以专业领域为突击点，构建互联互通平台，实现人才共享。

推动企业内部管理机制改革。白宝军[1]指出："当前建筑行业越发透明，竞争日益激烈，如何在竞争大、利润低的建筑红海中脱颖而出，除了技术革新之外，管理效能的提升是重要的方向。传统粗放型的施工组织方法因其成本浪费大、安全隐患多、质量缺陷多的问题，已经无法满足企业生存及发展的要求，同时在建筑劳动力日益紧缺的情况下都在呼唤更为细致的管理体系。"其基于此提出了如下改革建议：优化管理链条，明确各级管理部门定位，梳理决策机制，减除冗余管理流程，确保管理链条清晰，人员配置精干，打造高素质的专业人才团队，持续提升专业能力和价值创造能力。完善组织体系建设，在新时期，建筑施工企业组织体系建设已初具成效，组织架构、岗位职能定位更趋清晰，但随着行业发展与科技进步，组织体系同样需要与时俱进，以适应不断变化的市场需求。例如在公司层面成立供应链管理部门，统筹解决资源的组织问题。完善奖励评价机制，根据现阶段企业发展状况及建筑业行情对企业组织绩效体系进行重塑，要出台经营业绩考核与兑现管理办法、管理细则完善顶层设计，通过经营业绩责任书等形式明确指标导向，致力形成既保障各项战略规划落实，又能激发一线单位发展热情的绩效体系。

科学制定转型升级战略规划。宁海龙[2]指出："建筑企业要敢转、会转、能转，要提高站位，坚信转型的价值远大于成本。加强顶层设计，提前谋划，科学

---

[1] 白宝军. 新形势下建筑企业转型发展的思考［J］. 施工企业管理，2021（07）：27-30.
[2] 宁海龙. 数字化时代建筑企业转型升级路径探究［J］. 建筑，2021（09）：14-19.

制定转型升级战略规划。"学会"做减法",奏响差异化、专业化建筑业转型三部曲。第一,加强调查研究,营造想转敢转氛围。加强组织文化建设,深化企业改革,加快现代企业制度建设,构建高端数字人才培养体系,营造适合转型升级的发展环境,吹响企业转型的变奏曲。第二,做好顶层设计,创造能转会转条件。构建"一体两翼多点支撑"战略布局体系,科学制定数字化转型规划,形成战略规划引领、创新平台赋能、产业生态落地的数字化转型新格局,奏响企业转型的交响曲。第三,持续优化迭代,实现转对转好目标。在数字化时代,信息技术不断更新迭代,数字化转型需要不断积累和传承。通过加强组织保障、制度保障及数字创新,不断优化迭代,奏响企业转型的协奏曲,通过数字化转型推动建筑产业数字物理空间深度融合可持续发展,数字化建设将成为实现企业高质量发展的新引擎。

4.3 智能建造与建筑工业化协同发展

4.3.1 智能建造的底层逻辑与核心框架研究

毛超[1]认为:智能建造是利用新一代信息技术的融合,对传统建设活动及流程的智慧化升级,涉及智能决策、智能设计、智能生产、智能施工和智能运维五阶段的全链条活动,其核心逻辑是通过 BIM 模型迭代和 BOM 的数据统一、依赖数据驱动的全链条活动信息集成和业务协同逻辑。

于程水[2]认为:智能建造是以建筑机器人为核心工具,以人工智能为感知基础,通过信息融合与实际建造施工的信息反馈与动态调整,实现虚拟与现实的深度集成、实时反馈、决策优化与精准控制的智能体系,以应对建造过程中信息繁多、更新缓慢、协调配合不畅、资源浪费等问题。

中国工程院院士丁烈云[3]认为:智能建造是在实现工程要素资源数字化的基础上,通过规范化建模、网络化交互、可视化认知、高性能计算以及智能化决策支持,实现数字链驱动下的立项策划、规划设计、施(加)工生产、运维服务一体化集成与高效协同,交付以人为本、智能化的绿色可持续工程产品与服务。

---

[1] 毛超,彭窑胭.智能建造的理论框架与核心逻辑构建[J].工程管理学报,2020,34(05):1-6.
[2] 于程水.智能建造的理论框架与核心逻辑[J].绿色环保建材,2021(11):140-141.
[3] 陈珂,丁烈云.我国智能建造关键领域技术发展的战略思考[J].中国工程科学,2021,23(04):64-70.

中国工程院院士肖绪文[1]指出：智能建造是面向工程产品全生命期，实现泛在感知条件下建造生产水平提升和现场作业赋能的高级阶段，是工程立项策划、设计和施工技术与管理的信息感知、传输、积累和系统化过程，是构建基于互联网的工程项目信息化管控平台，在既定的时空范围内通过功能互补的机器人完成各种工艺操作，实现人工智能与建造要求深度融合的一种建造方式。

樊启祥[2]指出：智能建造是指集成融合传感技术、通信技术、数据技术、建造技术及项目管理等知识，对建造物及其建造活动的安全、质量、环保、进度、成本等内容进行感知、分析、控制和优化的理论、方法、工艺和技术的统称，以促进安全、优质、绿色、高效建造。

赵宪忠[3]指出：智能建造就是在工业化和数字化基础上实现建造对象自身、建造装备、建筑过程和建筑系统的感知、分析与控制，实现全面升级。从生产过程维度看，智能建造可划分为智能规划与设计、智能装备与施工、智能防灾与运维等。智能建造的核心是载体、算法和集成。

4.3.2 建筑工业化协同方式

刘谦[3]认为：要推动智能建造与建筑工业化协同发展，必须做到以下几点：第一，设计施工一体化；第二，项目企业一体化；第三，甲方乙方一体化；第四，软件硬件一体化；第五，业务财务一体化。

毛志兵[4]认为：新型建造方式是实现行业高质量发展的有效路径。推动智能建造与建筑工业化协同发展的工作任务，重点可以从以下三方面重点突破，一是以装配式建筑为重点，推进建筑工业化升级；二是要加强技术创新引领，提升信息化管理水平；三是以产业协同发展为目标，积极推行绿色建造。实现建筑业高质量发展的根本路径在于探索发展新型建造方式，深化建筑业供给侧结构性改革。

田国民[5]指出：加快新型建筑工业化发展是引领建设工程领域高质量发展的重要方式，要进一步丰富装配式建筑的内涵和外延，整合工程全产业链、价值链

---

① 腾讯网 2021 年 6 月 8 日 "肖绪文院士：智能建造是什么、为什么、做什么、怎么做？"
② 樊启祥，林鹏，魏鹏程，等. 智能建造闭环控制理论[J]. 清华大学学报（自然科学版），2021，61（07）：660-670.
③ 文林峰. 智能建造和新型建筑工业化协同发展未来图景与实现方式[N]. 中国建设报，2020-09-18（006）.
④ 毛志兵. 科技创新引领行业进入高质量发展新时代[J]. 建设机械技术与管理，2021，34（03）：45-50.
⑤ 中国嘉祥 2020 年 12 月 7 日 "装配式建筑高峰论坛暨智能建造与建筑工业化协同推进现场会在山东嘉祥召开"

和创新链，实行建筑产业的系统设计、工业化标准化的构建生产、精益化的施工与新一代信息技术深度的融合，不断提高建设工程质量。

王玉志[1]指出：应当强化创新驱动，加大新一代信息技术在工程建造领域创新集成应用力度，着力推动智能建造和建筑工业化基础共性、关键核心技术研发、推广和应用，加快推进智慧工地建设，提升施工质量安全管理水平。

4.3.3 智能建造与建筑工业化协同的示范性项目发展状况

中建科工着眼于行业前沿科技，主导建成了全球首条重型钢结构智能制造生产线，入选工业和信息化部"国家2017年智能制造综合年标准化与新模式应用项目"，成为目前建筑结构领域唯一获此殊荣的企业，为中国制造树立了钢结构行业的典范。中建科工将装配式钢结构建筑作为拳头产品，按照"标准化设计、工厂化生产、装配化施工、一体化装修、信息化管理"的"五化"模式，形成GS-Building（装配式钢结构建筑体系）和ME-House（三维模块化建筑体系）两大核心体系，打造了学校、医院、写字楼、住宅、产业园5大类型项目[2]。

中建科技致力于推进建造理念创新、产品体系创新和管理模式创新，取得了许多行业公认的发展成果，研发形成了中建科技10大产品技术体系。在智能建造方面，中建科技近年来积极探索，创新实践了科研、设计、制造、采购和施工"五位一体"的建造模式，并在这种模式的驱动下，先后创新研发了融合BIM（建筑信息模型）＋互联网＋物联网技术、具有自主知识产权的装配式智慧建造平台，中建科技智慧建造管理平台＋点云扫描机器人、钢筋笼绑扎智能机械手，确保企业始终站在科技发展最前沿[2]。

树根互联技术有限公司首席执行官贺东东[2]指出：自2016年成立以来，树根互联打造的ROOTCLOUD根云应用平台已连接69万余台工业设备，协助工业龙头企业和产业互联网创新企业构建了超过20个工业互联网行业平台，服务了81个工业的细分领域。之所以能发展如此迅速，原因在于我们运用新技术，将行业底层抽象逻辑具象化，将工业制造、建造生产过程中人员、设备、原材料、方法和环境之间的数据进行连接，建立双向通道，通过采集机器设备的数据和现场施工数据，将建造过程数字化，形成数字孪生，以便质量、产量、效率等要素能够被直观反映出来。建造过程数字化的实现，为智能建造奠定了基础。通过对大数据进行建模分析，能够提高生产效率、提升产品质量。

---

[1] 中国嘉祥2020年12月7日"装配式建筑高峰论坛暨智能建造与建筑工业化协同推进现场会在山东嘉祥召开"

[2] 文林峰. 智能建造和新型建筑工业化协同发展未来图景与实现方式[N]. 中国建设报, 2020-09-18（006）.

同济大学等单位承担的"十三五"国家重点研发计划项目课题，对装配式钢结构体系建筑全过程、全专业、全产业一体化建造技术进行了研究及探索，建立了基于BIM技术的一体化建造技术框架，总结了钢结构装配式建筑一体化建造的指导细则；提出了一体化建造评价理论框架，编制了相应的评估软件；研究了基于产品模式的低层装配式钢结构建筑和基于EPC模式的多高层装配式钢结构建筑一体化建造技术逻辑，分别开发了相应的一体化建造平台，最后通过工程示范验证了平台的技术与模式的合理性和有效性[①]。

4.4 新型建筑工业化的核心理念与推进途径

4.4.1 新型建筑工业化的核心理念

文林峰[②]指出：新型建筑工业化和智能建造协同发展，要从工业化、机械化、自动化、信息化逐步走向智能化。高质量发展是建设行业"十四五"期间发展的主题，建设高品质的建筑、实现提质增效是建设行业追求的目标导向。各级建设主管部门、企事业单位要注意宣传引导，充分利用行业主流媒体搭建的宣传平台，全面宣传建设领域的发展成就。

毛志兵[③]指出：新型建造方式是指在工程建设过程当中，以绿色化为目标、以智慧化为技术手段、以工业化为生产标志、以工程总承包为实施载体、以绿色建材为物质基础，实现建造过程的节能环保、提高效率、提升品质和保障安全等目标。他认为：制造业先进技术向建筑业转移扩散，将是发展的必然趋势，以"制造＋创造＋建造"为特征，推动现代工业技术、信息技术与传统建筑业融合创新，寻找建筑艺术与建造技术的完美契合点，探索研发、设计、制造、建造、服务高度集成的生产与服务体系，这将成为建筑业生产方式变革的趋势和动力，并将在适应不同类型建筑特点的要求下，创造更广阔的新技术应用成果[④]。

邓尤东[⑤]指出：新型建筑工业化智慧管理平台包含智慧工厂和智慧施工两大业务管理系统。智慧工厂管理包括工厂管理、项目管理、合同管理、生产管理、

---

① 李元齐, 杜志杰, 路志浩, 安东亚, 苏磊, 郑华海. 装配式钢结构体系建筑一体化建造技术研发和实践[J]. 建筑钢结构进展. 2021, 23（10）：12-25

② 姚琳. 致敬百年征程 筑基新型建造——第四届新型建筑工业化发展国际（深圳）高峰论坛暨精品展会隆重举行[J]. 住宅与房地产, 2021（29）：34-51.

③ 毛志兵. 以新型建造方式支撑中国建造进入新时代[J]. 建筑, 2021（17）：12-19.

④ 毛志兵. 科技创新引领行业进入高质量发展新时代[J]. 建设机械技术与管理, 2021, 34（03）：45-50.

⑤ 邓尤东. 数字驱动赋能新型建筑工业化的思考[J]. 建筑, 2021（14）：30-33.

专用模具管理、半成品管理、质量管理、成品管理、物流管理、施工管理、原材料管理等模块；智慧施工管理包括项目管理、标准资料管理、构件管理、工程管理、经营管理等模块。平台可划分为三个层级：现场应用层、业务处理层、数据展示层。其中，现场应用层充分利用物联网、移动互联网技术提高施工现场管控能力。业务处理层包含标准层、数据层、业务支撑层。标准层规定了平台的数据标准、交换标准、接口标准等规范，数据层通过数据接口抓取智慧工厂管理与智慧施工管理模块产生的业务数据，将数据移交至业务支撑层，与现场应用层实现交互，实现数据流转与业务协同。数据展示层主要是将集成的各类应用数据，利用大数据分析能力，根据不同的管理要求，以图形化、表格化的方式呈现，形成企业级、项目级看板，实现现场管理可视化和智能化，优化项目资源配置，辅助智能决策与服务。

叶明[①]指出：新型建筑工业化是以建筑为最终产品，充分运用现代工业化组织方式和信息化手段，达到建筑设计标准化、构件生产工厂化、现场施工装配化、土建装修一体化、组织管理信息化、生产经营专业化，并形成一体化作业和社会化大生产，从而全面提升建筑工程的质量、效率和效益。新型工业化建造方式包括标准化设计、工厂化生产、装配化施工、一体化装修、信息化管理。进入"十四五"期间，我国将开启全面建设社会主义现代化国家新征程，为此，建筑业必须要走新型建筑工业化发展道路，实现建筑产业现代化，中国建筑业必将会迈上绿色化、工业化、信息化、集约化、社会化的高质量发展之路，成为世界建筑业强国。

姚明球[②]认为：新型建筑工业化是以工业化发展为基础、融合现代信息技术，通过精益化、智能化生产施工，全面实现提升工程质量及劳动生产率，降低资源消耗及污染排放的发展目标，从而打造具有国际竞争力的中国特色建造模式。其中，智能建造是指应用新一代信息技术和智能设备，代替人的技能完成建筑施工的建造方式。随着智能建造技术的不断发展，通过云计算、大数据、人工智能、区块链等技术的集成与创新应用，智能设备最终可以发展到具有人的思维能力，从而推动智能建造逐步发展成为智慧建造。

4.4.2 新型建筑工业化的推进途径

米凯[③]表示：发展智能建造是当前和今后一个时期建筑业突破发展瓶颈、增

---

① 叶明.关于我国装配式建筑发展的几点思考[J].建筑，2021（11）：15-16.
② 姚明球.数字建造在新型建筑工业化中的作用及实施路径探讨[J].广州建筑，2021，49（03）：51-55.
③ 孟楠，李小燕."美丽中国·走进长三角"暨智能建造与新型建筑工业化融合发展长三角高峰会在苏州举行[J].建筑，2021（13）：14-16.

强核心竞争力、实现高质量发展的关键所在。下一步，住房和城乡建设部建筑市场监管司将重点抓好三方面工作：一是大力发展装配式建筑特别是钢结构建筑；二是建设建筑产业互联网平台；三是加快建筑机器人研发和应用。

刘成和王莉[①]认为：建筑工业化是指用大工业生产方式改造建筑业，使之逐步从手工业生产转向社会化大生产的过程。它的基本途径是建筑标准化，构配件生产工厂化，施工机械化和组织管理科学化，并逐步采用现代科学技术的新成果，以提高劳动生产率，加快建设速度，降低工程成本，提高工程质量。

马荣全[②]认为：装配式建筑是建筑业新型工业化的载体，装配式建造方式是智能建造的关键技术，因此，装配式建筑的发展方向与趋势应该有利于实现工业化建造、智能建造和绿色建造。装配式建筑技术是引领建筑行业全面改革升级的新型建造方式，它集成了工业化、数字化、智能化等多个领域的优秀研发成果，突破性地整合了建筑行业的各个环节，从而改变了传统建筑业的生产方式，实现了建筑行业的创新转型升级和可持续发展。建筑业的转型升级应该是建造模式的升级，如从现浇结构到装配建造；应该是施工手段的升级，如从劳动密集型到机械化为主；应该是管理模式的升级，如从层层监督管理到基于信息化的扁平化管理；应该是资源集成模式的转变，如从分散式集成到平台化集成。

朱正举[③]表示：建筑业要想实现高质量、持续健康发展，就必须探索新的发展模式——走新型建筑工业化道路。钢结构建筑和木结构建筑天然具有新型建筑工业化的优良基因和绿色建筑的特征，容易实现建筑部件的工业化生产及模块化安装，有效节省建材使用量及施工能耗，节能环保优势显著，是对传统建筑在建造方式上的革新。就推动我国新型建筑工业化、建筑产业现代化而言，钢木建筑行业被寄予厚望，也正迎来发展新机遇。

张守峰[④]指出：新型建筑工业化提质增效的四个策略，一是装配式建筑采用大开间，实现户内空间的灵活可变；二是标准化设计是提质增效的前提；三是复杂的部分工厂做，简单的部分现场做；四是装配式建筑宜实现管线分离。

---

① 刘成，王莉. 城乡住宅产业化发展路径探析——以"新型城镇化"为背景[J]. 内蒙古科技与经济，2021，(19)：6-7+22.
② 马荣全. 装配式建筑的发展现状与未来趋势[J]. 施工技术（中英文），2021，50（13）：64-68.
③ 程小红. 新型建筑工业化不断深入人心 钢木结构装配式建筑迎来发展新机遇[N]. 中国建设报，2021-07-08（006）.
④ 孟楠，李小燕. 智能建造与新型建筑工业化协同发展高峰论坛在天津举办[J]. 建筑，2021（13）：69-70.

4.5 工程总承包

4.5.1 工程总承包模式在我国的应用前景与核心挑战

中国工程院院士孟建民[①]指出：经过长期的探索实践，中国建筑业已经发生了翻天覆地的变化，而经济社会发展和科学技术进步也对现代建筑提出了更高要求。总承包管理模式将施工建造中原本割裂的诸多环节统合起来，有效提升了建造效率与品质，是未来建筑业的发展趋势。

2020年，张军辉等[②]通过对武汉、北京、上海、太原、广州等6个城市30余家企业的深度调研，发现三个现象：东部或者说先进的地区、先进的企业发展比较好，西部企业要差一些；政策开放地区普遍好，更早认识趋势的企业普遍要好一些。总体上这些企业各有优势，各有不足：设计院设计能力足，但是施工管理能力不足，施工企业相反，他们的施工生产组织能力比较好，设计能力有欠缺，设计院在EPC项目上，尤其是在对设计要求比较高的项目上具有优势；施工企业在对生产管理要求比较高的DB项目上具有优势。

金占勇等[③]认为：当前我国工程总承包推广面临着一系列的问题，从政府层面分析，我国尚未形成健全的配套法律法规，难以规范工程总承包市场的发展；从企业角度分析，当前我国建筑市场中工程总承包业务供给能力不足，工程总承包企业业务能力和业务资质欠缺；从业主角度分析，尽管采用工程总承包模式会带来额外收益，但是交易费用、工程风险、项目控制权利等方面的不良因素会极大地打击业主的积极性。

黄勇[④]认为：当前，行业企业应当认真研究改革形势，逐步解决转型中面临的问题，抓住机遇，在新时期取得新发展。当前，国家和行业主管部门应当主动打破既有利益格局，帮助参与建设的各单位加强对工程总承包模式的掌握和应用，通过政府引导、行业推动、多方协作等方式，总结经验，提升效果，从而促进工程总承包市场不断发展壮大。此外，对工程总承包模式的宣传贯彻力度应当不断加大。未来，在相关政策制度的制定发展过程中，如果财政相关部门也能够

---

① 宗超. 第三届全国工程总承包项目管理经验交流及观摩会在深圳召开 [EB/OL]. (2020-12-04). http://caifang.china.com.cn/2020/12/04/content_41382996.htm?f=pad&a=true.
② 张军辉. 皇冠上的明珠：EPC工程总承包 [J]. 施工企业管理，2021，392 (04)：22-26.
③ 金占勇，邱宵慧，田亚鹏. 基于三方博弈的工程总承包模式推广策略研究 [J]. 建筑经济，2020，41 (05)：66-70.
④ 宋健. 黄勇. 我国工程总承包模式快速发展时代来临 [N]. 中国建设报，2020-08-14 (006).

参与进来，对于工程总承包模式的快速发展将大有裨益。

4.5.2　工程总承包效能提升路径

何丹怡等[①]认为：里程碑支付是指发包方在合同总工期内，按合同规定的工作范围和承包商的责任分解确定的项目活动。承包商只有完成了所有与规定的单项里程碑活动相关的内容，并按要求准备齐全所有相关的支持文件，才能视为完成了某项活动的里程碑。根据社会偏好理论，在总承包模式下发包人设置合理的里程碑数量，更有利于提升承包商的努力程度，从而促进项目的顺利实施。

魏德胜[②]提出：在新时代背景下，企业要持续提升工程总承包管理效能，应当统筹一个全局，即企业全局；布局两个市场，国内市场与国外市场协同发展；构建三类平台，加速建设总承包管理的知识库、资源库、人才库；建立四个管理体系，即组织保障体系、制度保证体系、绩效考核体系和客户评价体系；推进五个集成方法，实现全需求、全组织、全资源、全过程、全专业集成；打造六项核心能力，即整体策划能力、计划管理能力、设计管理能力、合约招采能力、资源保障能力、市场开拓能力。

叶明[③]指出：要大力推行工程总承包模式。工程总承包不单纯是项目的承包方式，重要的是企业的组织管理模式。具体来讲，企业总承包能力建设表现在八个方面：完善总承包企业组织结构，建立总承包项目管理体系，掌握企业的核心技术体系，拥有预制构件的制作能力，设计贯穿工程建造全过程，建立集约化采购管理系统，建立企业信息化管理平台，培育市场化协作专业公司。推行工程总承包一定要发展企业专用体系。专用体系是企业核心竞争力，是不可跨越的发展阶段，是走向社会化大生产的必由之路。

荣世立[④]认为：要在房屋建筑和市政工程领域全面推行工程总承包模式，借鉴国际经验明确工程总承包模式基本理念，转变思维、遵循规律，走市场化发展道路。建设单位应从有利于实现最佳建设效果角度考虑，选择合适的组织实施方式。推进工程总承包模式健康发展，首先要大力培育与国际接轨的工程企业；其次要加强国家工程项目管理知识体系和标准化建设；再其次要大力培育合格的工

---

① 何丹怡，卞继昌，陈金海，等.工程总承包模式的里程碑支付节点分析[J].建筑经济，2021，42（08）：40-43.

② 魏德胜.提升工程总承包管理的价值创造力[J].施工企业管理，2020（05）：19-21+7.

③ 焦玲玲，叶明：推行工程总承包一定要发展企业专用体系[N].中国房地产报，2020-10-12（011）.

④ 查炎平，宋健，荣世立.推动工程总承包健康发展应坚持市场化方向[N].中国建设报，2020-07-31（006）.

程项目管理人才,包括工程总承包模式项目经理以及各管理岗位人才;最后要让项目管理咨询和工程总承包模式项目走市场化发展之路,充分体现市场在资源配置中的决定性作用。

王树平[1]提出:新形势下建筑设计行业要实现高质量发展,要有选择、有目标地开展工程总承包业务。工业工程、石油化工以及市政工程等方面推行工程总承包是一种非常好的方式。要慎重实施,要根据每个企业的特点和项目的特点来开展工程总承包。

中国工程院院士肖绪文[2]指出:在施工总承包转向工程总承包的大趋势下,工程总承包本质就是要实现设计施工协同,建立基于全生命周期的终身负责制。建设主体要积极顺应信息技术改造传统产业的时代趋势,深刻践行四个发展理念,即绿色发展、智能化发展、精细化发展、国际化发展,不断加强基础管理、理念创新及科技人才队伍建设。

中国工程院院士欧进萍[2]表示:施工单位在总承包管理中既有优势又有短板,要补齐规划设计和施工进展短板,发挥好总承包管理的创新优势、新技术的应用及工程品质优势,以薪酬激励为导向加强科技人才的建设和培养。

李森[3]指出:设计是做好工程总承包项目的前提,管理者应结合《质量管理体系 要求》GB/T 19001—2016 和《建设项目工程总承包管理规范》GB/T 50358—2017 两个国家标准,从组织行为看工程总承包设计全过程管理,旨在倡导设计指导采购、指导施工和试运行的管理理念,以有效发挥工程总承包设计在工程建设过程中的龙头作用。工程总承包模式下的设计全过程要点主要是设计和开发的策划、输入、控制、输出和更改工作。

汪士和[4]指出:行业协会应发挥牵线搭桥作用,让更多有实力的民营建筑业企业,规范化地与大企业实行混合所有制改革,名正言顺地参与到越来越多的工程总承包项目施工中。中小施工总承包企业和专业承包企业应积极向做专做精的方向迈进。要承接工程总承包项目,企业应从组织构架上做好成为施工分包的准备。随着社会进步和建筑业改革的不断深入,承包方式的变革是必然趋势。大量的中小企业,应根据自身特点,找准发展方向。

---

[1] 王树平. 大设无疆 顺势应变 [N]. 建筑时报,2020-08-31 (005).
[2] 杨晓霞. 业界大咖齐聚深圳,为大湾区工程总承包管理献计献策 [EB/OL]. (2020-09-26). http://duchuang.sznews.com/content/2020-09/26/content_23595059.html
[3] 李森. 工程总承包模式下设计全过程管理要点 [N]. 中国建设报,2021-02-05 (006).
[4] 汪士和. 积极研判资质改革走势 及时调整企业发展策略 [N]. 中国建设报,2020-06-19 (006).

李永明[①]认为：从EPC工程总承包管理未来的发展来看，要在三方面进行重点工作，一是要准确把握行业方向，扎实推进EPC三年行动；二是要持续推进融合创新，不断赋能企业高质量发展；三是要重点强化示范引领，突出引育高水平人才。

陈玲玲[②]认为：鉴于EPC项目建设阶段的成本占比很大，该阶段的成本管理对项目成本控制将产生决定性的影响。在项目建设阶段运用精细化理论管理成本，对项目而言可以提升盈利水平，对行业而言体现的就是生产效率。项目建设阶段作为项目成本节省的关键时段，除了须做好整体计划外，应重点关注重点领域关键节点等过程控制。只有在成本控制方面实现了人人有意识、处处有责任，项目的成本管理才能处处得以落实，项目成本管理的成效也才能得以彰显。

黄勇[③]认为：思维模式短期内难以转变是最大的问题。在长期发展过程中，我国很多建筑业企业形成了对施工总承包模式的路径依赖，建设单位习惯于将勘察、设计、采购和施工分别发包。同时，由于行业诚信体系不健全，建设单位对工程承包商往往缺乏信任，特别是对工程承包商的能力没有信心，不愿意放权，于是在工程项目建设过程中管得过细，这也阻碍了工程总承包模式的快速推广与健康发展。

4.5.3 工程总承包卓越管理模式

邓尤东[④]认为，总承包卓越管理的核心内容为，系统高效的设计管理；科学细致的采购管理；全面的建造管理；合法的合同管理；高效的资金管理；平稳的进度管理；动态的成本管理；标准的质量管理；权责明确的安全管理；集成高效的协调管理；规范的试运行管理。工程总承包卓越管理有六大目标，一是质量目标，包括实体、设备、安装、运行、培量及可维护六方面的质量；二是费用目标，包括项目报建、设计、采购、施工、试运行、竣工验收、交付、维护的全过程费用；三是工期目标，即合同总工期及项目进展关键节点时间；四是效益目标，即总承包方希望获得的经济收益；五是员工能力增值目标，即员工能力最终得到提高，实现员工能力增值；六是社会价值目标，即在环境保护、智慧建造等方面进行创新，使建筑产品社会附加值更高。

---

① 中建八局．融合创新 赋能发展｜中建八局举办EPC管理论坛[EB/OL]．(2021-01-06)．https://www.thepaper.cn/newsDetail_forward_10688063

② 陈玲玲．基于承包方视角的EPC项目成本精细化管理[J]．建筑经济，2021，42(08)：36-39．

③ 宋健，黄勇．我国工程总承包模式快速发展时代来临[N]．中国建设报，2020-08-14(006)．

④ 邓尤东．高质量发展：卓越管理的目标分析[J]．施工企业管理，2021(02)：86-88．

刘晓东、姚令恩等[①]认为：卓越设计管理工作的重难点在于，优化和完善设计管理制度体系保障措施，如设计进度管理措施、图样质量保证措施、设计优化措施、专项深化设计等，以保证 EPC 项目的顺利运行。实现设计、采购、施工的深度融合。在 EPC 模式下，工程总承包方应将施工、采购、安装等环节与设计充分融合，从全局优化的角度出发，实现设计、采购、施工的深度交叉，并行推进。提高设计质量。设计质量一方面能够保证设计方案的合理性，从结构选型、受力等方面保证施工的安全性，同时能够保证图样符合相应的设计规范和技术标准，同时可有效提升设计水平。卓越设计管理的具体对策是，建立与总承包模式相匹配的设计管理组织机构和管理制度；对建设项目的投资、施工成本和利润进行有效控制；进行设计进度计划控制和管理质量控制；发扬设计管理信息化的优点。

叶浩文等[②]认为：与传统管理模式相比，EPC 工程总承包管理需专门设置总承包项目组织，适当控制管理跨度，划分层次，并对人员进行分工，在项目实施的不同阶段，动态配置技术和管理人员，对项目组织进行动态管理。EPC 总承包项目管理组织机构模式，要有企业保障层和 EPC 总承包项目层。两级管理明确职责、加强联动。在企业和项目两级管理下，施工作业层路专业协同合作，共同完成施工任务。工程建造系统化 EPC 工程总承包模式的优势在于系统化管理，包括全过程的系统化规划，设计、生产和装配技术的系统化集成，设计和生产的一体化制定。

董娇娇[③]认为：由于 EPC 工程总承包模式具有周期长、投资金额大、涉及主体多等特点，工程实施过程中的进度、成本、质量及安全等诸多工作需要借助良好的合同管理来规范和控制，因此合同管理对于 EPC 工程总承包项目的顺利完成具有非常重要的意义。合同管理工作应当围绕招标投标阶段对静态合同文本的分析审查、工程实施阶段对合同履行的动态管理、工程竣工收尾阶段的合同管理三个方面展开。

彭水村[④]认为：EPC 总承包模式已然成为目前我国建筑业领域中最普遍的一种承包管理模式，但同时也伴随着较大的财务风险。为了规避 EPC 总承包项目财务风险，要加强对财务管理人员的业务培训，加强项目实施过程财务风险控

---

① 刘晓东，姚令恩，吕亚飞工程总承包项目设计管理难点与对策［J］. 项目管理技术，2021，19（10）：63-66.
② 叶浩文，李张苗，刘程炜装配式建筑 EPC 总承包项目管理原则及实施建议［J］. 施工技术，2020，49（05）：128-131.
③ 董娇娇. EPC 工程总承包模式中合同管理的难点及对策［J］. 项目管理评论，2020(05)：56-59.
④ 彭水村. EPC 总承包项目财务风险管理及风险规避［J］. 纳税，2020，14（28）：76-77.

制，提前介入项目招标投标以及签约工作，熟悉各环节内容，重视预算管理，完善内部管控，加强施工过程的中间结算管理，严格进行竣工结算管理。必须切实加强风险防范，充分发挥财务管理人员的业务能力，在项目实施事前、事中、事后有效管控财务风险，尽量减少各种风险的产生，防止其加大工程项目成本，影响项目最终利润。

周英杰[1]认为：工程总承包模式是对工程项目全方位、全专业、全过程和全目标的综合管理，是建设的全生命周期的一个综合管理。一是要加强模式研究，推动服务升级。加大政策研究力度，密切关注各地的政策和市场环境变化，快速反应、抢抓机遇。二是加强体系建设，科学配置工程架构。强化顶层设计，统筹推进工程总承包管理制度制定、业绩考核、体系建设等工作；强化体系联动，相关部门和项目要无缝对接、形成合力，共同抓好过程履约。三是加强设计引领，聚焦设计管理提升。提升设计管理能力，促进设计与计划、采购、专业、施工组织等各环节深度衔接，才能真正做到项目的提质增效。四是加强资源集成，提高整合能力和配置效率。突出资源集成的系统性，同时瞄准 EPC 业务全产业链的高端资源、优势资源和稀缺资源，实现全资源整合。

4.6 PPP 模式

4.6.1 PPP 模式在我国的应用前景与核心挑战

应盛[2]认为：在县域和乡村地区实现跨越式发展和完善当地公共服务的时候，需要有创新的机制，提供可持续的解决方案，PPP 项目就是被证明了的行之有效的途径之一。

吴亚平[3]认为：PPP 模式应用回暖更多属于理性的回归，毕竟 PPP 模式在很多方面相比公建公营模式而言有一定的优势，既有助于平滑年度政府财政支出，也有利于提高运营效率。规范操作的 PPP 项目实际上也有利于防风险。PPP 模式属于一种基础设施和公共服务领域的供给模式，也是一种投融资模式，属于长期的制度性安排，不应视为一种短期宏观调控工具。在经济下行压力较大

---

[1] 周英杰．提升 EPC 管理能力 增强企业发展动力［EB/OL］．（2011—11024）http：//www.chinajsb.cn/html/202111/24/24269.html

[2] 曾金华．PPP 有效助力重点领域建设［EB/OL］．（2020-12-03）．http：//www.xinhuanet.com/fortune/2020-12/03/c_1126814521.htm

[3] 武晓娟．规范操作 PPP 有利防风险［EB/OL］．（2020-09-10）．http：//www.xinhuanet.com/info/2020-09/11/c_139360342.htm

时加大 PPP 模式运用，客观上也有助于扩大投资需求，从而促进稳投资稳增长。

焦小平[①]认为：加强 PPP 信息公开和绩效管理，在提高政府信用、优化营商环境、提升经济效率、加强社会监督等方面发挥着重要作用。

靳海增[②]认为：随着大量 PPP 项目进入运营期，PPP 绩效管理政策可以更好地指导地方进一步落实 PPP 按效付费原则，完善项目全生命周期绩效管理机制，确保项目规范运作实施。有利于各地用好绩效评价指挥棒，推动社会资本持续加强项目管理和创新，提高投资建设运营效率，促进公共服务供给质量和效率的提升。

唐川[③]表示：当前，基础设施和公共服务项目遇到的一大问题就是融资难，加强政府资金引导，可以在一定程度上解决项目资本金问题，进而缓解社会资本的融资压力。PPP 模式可以帮助地方政府更全面地发展基础设施和公共服务项目，并且在合理的模式之下也不会增加地方政府的负债。更为重要的是，借由 PPP 模式可以引入社会资本进入各地，更好地实现各地区的全面发展，以及带动欠发达地区内生性的发展动力，最终达到不同地区间经济、生活水平的均衡，从而最大程度实现资源的优化配置。

梁舰[④]表示：当前 PPP 项目明显处于增量缩减，消化存量阶段。随着多数 PPP 项目建成，现阶段将逐步进入运营付费阶段。2022 年及以后，PPP 模式作为地方政府投融资市场化手段，将稳定成为一种常态化的投融资工具。若 2022 年没有国家层面的政策刺激，PPP 项目大概率依然会处于增量缩减，消化存量阶段。若 2022 年 PPP 条例、PPP 操作指引、PPP 财政承受能力论证、PPP 物有所值指引等政策"靴子"可以落地，将对 PPP 市场起到极大的提振作用，地方政府对于 PPP 的热情将逐步复苏。

贾康等[⑤]指出：2020 年两会政府工作报告中提出，在政府要过紧日子的同时拉动社会资本跟进有效投资。PPP 正是政府跨越组织边界拉动非政府社会资本与私人机构开展合作创新式投融资的治理工具，可改进基础设施和国土开发建设

---

① 曲哲涵. PPP 绩效管理 让钱花得更值 [EB/OL]. (2020-04-07). http://www.xinhuanet.com/info/2020-04/07/c_138953123.htm

② 张雨馨. PPP 项目全生命周期绩效管理政策出台 [EB/OL]. (2020-04-02). http://www.xinhuanet.com/info/2020-04/02/c_138941011.htm

③ 包兴安. PPP 模式前三季度逾万亿元资金投向"两新一重" [EB/OL]. (2020-11-24). http://www.xinhuanet.com/fortune/2020-11/24/c_1126777803.htm

④ 李佳佳. 2022 年的 PPP，会走向何方？[EB/OL]. (2021-11-11). http://news.hexun.com/2021-11-11/204722109.html

⑤ 贾康，欧纯智. PPP 促进公共投资提效升级的创新机理——多元目标、负外部性和政府规模视角 [J]. 财会月刊，2020（20）：3-8.

投资领域的政府传统独家垄断模式,既能使政府保持公共性的价值取向,又能助力公共服务供给提效升级。现阶段,PPP 的融资功能已使其备受学界瞩目和地方政府发展实践的欢迎,从多主体、多元目标视角切入,应当以此进一步明确勾画未来方向,不断挖掘并发挥 PPP 的治理优势,探索和开拓公共投资与公共服务供给提效升级的新路径。

孟春[1]认为:新基建正逐渐成为应对经济下行的重要措施,既可以稳投资,又可以促进我国产业转型升级,释放经济潜力。与传统基础设施建设相比,新基建的最主要特点就是市场化投资方式,而 PPP 模式,可以将不同类型、不同期限、不同需求的项目进行集合捆绑,并通过综合性的盈亏计算实现项目的平衡。特别是 PPP 在我国经历了六年多的发展,监管越发严格、操作越发规范,并且其固有的服务基建的特性,加之当前的地方政府财政困境,使得 PPP 在新基建的建设中将发挥巨大的作用。首先,PPP 可提高新基建项目的整体运行效率。其次,PPP 可缓解新基建建设中政府的财政困境。最后,新基建给 PPP 带来新应用空间和内涵。

4.6.2　PPP 模式的效能提升路径

杜亚灵等[2]认为:根据行业特征结合私人部门优势合理设置产出标准,政府部门应当授权独立监管机构以实施无差别监管,应当尽量统一各个行业产出标准并完善相关奖惩政策。有鉴于此,政府应当根据私人部门具体情况,并结合项目特点,合理设置产出标准,使私人部门能够发挥自身优势,不应对私营企业的能力带有"偏见",且适当的高要求也能促使对方不断挖掘自身潜力。为了提高 PPP 项目产出绩效监管措施的公平性,政府部门应积极授权第三方独立监管机构专门负责 PPP 项目中的监管工作,第三方监管机构作为独立于政府和社会资本之外的第三方,其更能在监管活动中保持公正客观的态度,较为公平地实施监管措施;该举措是政府监管的有效补充,能够帮助政府摆脱"信任危机",提高政府公信力。

袁竞峰等[3]指出:在社会层面,构建完善的 PPP 项目社会风险管控体系,应当把握社会风险的共性因素,把握社会风险发展中的关键因素、关键环节和关键工作。关注项目社会风险,强化社会风险管控观念;注重项目风险预警,建设社

---

[1] 孟春. 新基建登台唱戏 PPP 大有可为 [J]. 中国经贸导刊, 2020 (14): 12-14.
[2] 杜亚灵, 左玉晨, 王华, 柯洪. 私人部门性质对 PPP 项目产出绩效监管的影响及其优化建议——基于情境模拟实验研究 [J]. 建筑经济, 2020, 41 (05): 25-29.
[3] 袁竞峰, 尚东浩, 邱作舟, 李迁. 不同回报机制下 PPP 项目社会风险涌现机理研究 [J]. 系统工程理论与实践, 2020, 40 (02): 484-498.

会风险评估制度；加强项目信息公开，畅通公众信息沟通渠道；关注项目风险特点，完善社会风险管控制度。总的来说，在PPP项目实践中应将社会风险管理体现于社会管理的方方面面，才能够最大程度上降低社会风险因素对项目的影响，保障项目的顺利实施，保障社会公众的权益。

苏海红等[①]认为：PPP项目是我国经济新常态下的创新产物，已经在全国范围内得到广泛应用。精益建设是经济新常态下我国建筑业发展新趋势是经济新常态下PPP项目的必然选择。经济新常态下PPP项目实施精益建设的对策和策略是：完善PPP项目精益建设专业人才培养机制，建立合理的PPP项目精益建设利益相关者激励机制，持续加强PPP项目精益建设专业人才培养机制。精益思想是PPP项目精益建设的核心，可以通过外聘专家以及内部培训等方式在企业内进行精益建设思维的灌输；同时，可以开展关于精益建设关键环节能力提高的系列专题培训，通过持续加强PPP项目精益建设专业培训，确保从利益相关者的最高管理者到具体操作人员都能掌握精益思想、精益技能以及管理方法等，确保利益相关者能结合自身情况积极实施精益建设，从而为PPP项目实施精益建设提供有效保障。

叶晓甦等[②]认为：PPP绩效管理应坚持以政企合作伙伴关系为《操作指引》的逻辑出发点，应当建立3E+P的绩效管理理论模型。

张书峰[③]表示：按照绩效付费是PPP项目提升公共服务供给质量和效率的关键环节，甚至可以说是PPP模式的灵魂。财金〔2020〕13号文首次对这一关键环节进行了全面的规范和指引，有利于稳定社会资本投资预期、激发PPP领域的创新活力。以我们从事的产业新城开发性PPP项目为例，在按效付费原则的指引下，探索创新了"综合开发、长期运营、增量取酬、绩效付费"的全生命周期绩效机制，有效带动了许多区域高质量发展。此次财政部进一步明确了绩效管理的操作指引，更加增强了我们长期投资运营的信心。

邓冰[③]表示：PPP是长周期的政社合作模式，其核心理念之一是真运营，运营的重要保障就是全生命周期绩效管理，此次财政部发布的PPP绩效管理政策，将加强社会资本方在运营中的信心，规范各PPP服务机构对项目绩效管理的标准，有利于中国PPP事业的健康发展。

---

① 苏海红，王松江，高永林.经济新常态下PPP项目精益建设运行模式研究[J].项目管理技术，2020，18（05）：20-24.

② 叶晓甦，曾慧娟.基于伙伴关系的PPP项目绩效管理机理及应用研究[J].项目管理技术，2021，19（06）：8-13.

③ 张雨馨.PPP项目全生命周期绩效管理政策出台[EB/OL].（2020-04-02）.http://www.xinhuanet.com/info/2020-04/02/c_138941011.htm

徐向东[①]认为：面对疫情带给我国经济的下行压力，财政政策应进一步发力，试点"PPP＋专项债"组合模式。其中专项债可以解决项目的投资融资问题，PPP解决提供专业服务问题，试点扩大DBO（设计-建设-运营）方式的应用，由社会资本负责按照政府部门的要求按时保质地完成设计、建设和运营工作。政府部门建立按效付费的合同监管机制，有效地提高项目建设和运营效率。

刘新平[②]认为：对实施机构来说，一是要加强与社会资本、项目公司的协调联动，合理安排节后PPP项目的开工、运营等事项；二是要做好与社会资本方的再谈判工作；三是加快新PPP项目的工作推进。此次疫情防控工作结束后，加大基建项目的有效投资大概率会成为今年保增长的主要政策手段。实施机构应加快PPP项目的工作进度，尽快完成社会资本的招选，力争年底前形成投资。

杨明珠和陈海涛[②]认为：PPP模式最大的优势在于政府和社会资本的有效合作。信任作为嵌入PPP项目公私合作关系网中的隐性资源，既能够弥补正式合同的不足，缓解公私双方合同执行过程中的履约困难，又能有效抑制合作过程中的机会主义风险，达到改善项目管理绩效的目的。具体来讲，基于能力信任，应加强对合作伙伴的资格预审，且重点考核其以往相关项目绩效；基于诚信信任应加大对项目参与主体失信行为的惩罚力度；基于制度信任，政府应着手推进相关政策法规的出台，进一步完善现有PPP项目监督机制。

4.6.3　PPP模式中的治理问题

王盈盈、甘甜、王守清[③]认为：当前，中国PPP形成了发展改革委和财政部共同牵头主导的管理体制，面临着棘手的跨部门协同难题，具体表现为立场不一致、结构不协调、程序不兼容、信息难共享等。PPP管理体制仍存在诸多问题，特别是多头管理、跨部门协同困局制约了PPP的健康可持续发展。趋于协同的PPP管理体制改革应当通过制度化手段启动跨部门协同，通过信息化手段消除部门间协同障碍，通过领导小组主导跨部门协同管理，通过机制创新改善跨部门协同产出。

严华东和丰景春[④]表示：农业农村领域引入PPP模式是对乡村振兴战略的呼

---

① 张雨馨. PPP如何助力疫情防控阻击战［EB/OL］.（2020-03-24）. http://www.xinhuanet.com/info/2020-03/24/c_138910619.htm

② 杨明珠，陈海涛. 合作双方信任与PPP项目管理绩效［J］. 社会科学战线，2021（01）：256-260.

③ 王盈盈，甘甜，王守清. 走向协同：中国PPP管理体制改革研究［J］. 经济体制改革，2021（03）：18-24.

④ 严华东，丰景春. 乡村振兴背景下我国农业农村领域PPP模式的适用范围、交易设计及政策建议［J］. 农村经济，2020（02）：14-22.

应和支撑。但是我国农业农村领域 PPP 模式如今面临着较多的问题。农业农村领域需要长期的持续投入，资金需求量大，回报周期长、回报率低，有较大的自然风险和市场风险。该领域采用 PPP 模式时，项目规范性差，政策契合度不高，不确定性成本较多，服务人群分散，较难发挥规模效应，财政承受能力差等；同时，农业农村领域的 PPP 项目涉及多方主体，主体之间的利益关系错综复杂；农业农村投资配套环境不健全，项目融资受到现金流限制、企业抵押融资缺乏合格的抵押品以及缺乏成熟的担保和保险市场主体等问题使融资难的问题将更加凸显。

吴亚平[1]认为：对于具体 PPP 项目而言，疫情是否构成不可抗力事件，仍然需要具体问题具体分析。比如，在本次疫情发生最严重的武汉地区，由于对外综合交通运输和市内公共交通全部无限期暂停，处于建设期的 PPP 项目建设需要的人力、物力都难以保证，工期延误和投资成本上升恐难以避免，PPP 项目合同履约可能受到很大影响，把疫情视为 PPP 项目的不可抗力是必要的。社会资本方要尽快研究制定防控或减轻疫情不利影响的计划和措施，征求政府方的意见和建议，尽早实施相关防控计划和措施，尽可能降低疫情的不利影响。

孙洁[2]指出：项目在发展过程当中，它的外界环境在发生日新月异的变化，它的实际成本是远高于最初的判断的，所以我们在每一个阶段都要做物有所值评价。现实中，很多 PPP 项目由于社会资本方介入的比较晚，都是政府设计好的图纸，再交给社会资本方被动地使用，这就给后期的修改调整造成了很高的成本。并且项目一旦出现问题，责任划分问题难以解决，比如建设方说是运营方运营管理不善导致的，运营方却说是建设方施工时就存在瑕疵。所以政府不能够让社会资本方过早地介入，也不能让社会资本方过晚地介入。

梁舰[3]表示：PPP 模式急需要模式创新，真正可以通过 PPP 模式发挥社会资本在公共产品供给方面提质增效的作用。其中，尤其以 PPP 模式推进综合开发类项目，是需要市场去摸索并创新的方面，以此有效补充当前我国地方政府对于大体量投资项目投资融资模式的空白。如何以市场为导向，更好地在现行 PPP 的体制机制下，利用好 PPP 模式的政策优势，推动大投资体量综合开发类项目的实施急需破局。

---

[1] 吴亚平. 新冠肺炎疫情是否构成 PPP 项目不可抗力 [J]. 中国投资（中英文），2020（Z1）：84-85.
[2] 文府教育. 财政部 PPP 专家：重新审视 PPP 的两大评价 [EB/OL]. [2021-01-08]. https://zhuanlan.zhihu.com/p/342902328
[3] 《经济参考报》2021 年 11 月 15 日 "2022 年的 PPP，会走向何方？"

王欢明等[1]认为：目前中国PPP项目落地率低，而且不同省份间差异大，反映的是各地政府治理体系对PPP政策执行效果影响的问题。落地率是指执行和移交两个阶段项目数之和与准备、采购、执行、移交四个阶段项目数总和的比值，在一定程度上反映的是PPP政策执行的效果。财政部PPP中心2018年报显示，截至2018年12月末，全国PPP综合信息管理库累计落地项目数4691个，落地率为54.2%，最低的是天津市，仅为12.5%。因而，如何高效执行PPP政策，提高PPP项目落地率，是当前推进PPP发展所要面对的重要问题。在中国强调国家治理体系与治理能力现代化的背景下，如何改善治理环境来提升PPP落地率显得尤为重要，而不再仅仅局限于社会、经济、环境等外在因素。

高若兰等[2]认为：PPP项目中投资者逆向选择问题时有发生，严重制约我国PPP模式的可持续发展。PPP项目投资者逆向选择问题主要发生在采购阶段，是指没有足够实力的投资者获得了特许经营权，这属于事前隐藏信息的行为。政府部门和投资者之间不同的利益诉求和信息不对称是导致逆向选择的根本原因。在采购过程中，双方存在严重的信息不对称，政府部门作为上级主管部门，很难准确了解各投标者的信息，从而导致一些资质较差或能力较低的投资者通过隐瞒、歪曲自身真实状况，或对自身能力进行伪装而获取项目中标，导致投资者逆向选择问题频频发生。可能严重损害政府部门和社会公众的利益，阻碍PPP模式的可持续发展。

4.7 全过程咨询

4.7.1 全过程咨询在我国建筑业的应用前景与发展状况

赵振宇等[3]认为：由于指导思想尚不明确统一，目前社会和行业对全过程工程咨询服务认识不一、理解各异，影响社会和建设单位对全过程工程咨询模式的认同感和信任度。为此，应确立并强化全过程工程咨询服务的"主动服务、全局策划、协同融合、共创价值"的引导理念，以指引全过程工程咨询服务立足根本、找准方向、明确路径。

---

[1] 王欢明，陈佳璐. 地方政府治理体系对PPP落地率的影响研究——基于中国省级政府的模糊集定性比较分析[J]. 公共管理与政策评论，2021，10(01)：115-126.

[2] 高若兰，周亦宁，刘继才. 基于前景理论的PPP项目投资者逆向选择问题研究[J]. 中国管理科学，2021，29(01)：36-46.

[3] 赵振宇，姚健波. 全过程工程咨询服务管理体系构建[J]. 建筑经济，2021，42(03)：5-9.

严玲等[①]指出：随着国家大力推行工程总承包模式，建设项目组织结构逐渐发生着变化。在这一模式下，业主将大量的项目实际控制权让渡给承包方，而其自身的控制权不断被削弱。为避免承包方机会主义行为，业主需要引入全过程工程咨询方来共同控制和制衡承包方的行为，咨询方给业主提供好的技术服务方案和参考意见，帮助承包商按合同进度完成工程，以实现项目价值的增加、业主权益的保护及项目成功。

丁士昭[②]表示：全过程工程咨询就是全生命周期的工程顾问，其组织模式是多样的，与分阶段分专业的服务组织模式长期共存，互为补充，以满足市场的多样性需要。全过程工程咨询是市场的产物，要实现真全咨，既需要业主驱动，也需要政府部门下决心改革造价管理制度，更需要以设计院为主导的各类工程咨询服务方以项目利益为依托、以全过程工程咨询服务作支撑，给业主带去实实在在的价值，并形成与国际接轨的行业标准，实现真正意义上的全过程。这是顺应市场需求的大势，也是国际通行的做法。

王树平[③]指出：全过程工程咨询实施近两年来，真正实施的项目比例比较少，而且只是在部分省市试点，也确实是监理企业牵头的项目多一些，建筑设计企业牵头的项目还比较少。所以这就需要建筑设计企业总结经验和教训，协会也要发挥组织协调作用，把各企业的意见和建议汇总、分析，形成报告、实施细则，上报主管部门，对上层要有一定的影响力；同时各建筑设计企业要有忧患意识，不能只盯住设计的主业而放弃新业务模式的探索，要加快推进建筑设计企业的能力建设。

皮德江[④]指出：在全过程工程咨询试点的两年里，其发展和项目落地实施情况，南方省份和地区比北方的好，东部比西部好，在各项咨询业务中，工程监理、全过程造价咨询、项目管理这三项频次最高，除此之外依次为招标采购和工程设计，说明在全咨服务市场，具有工程监理资质的综合性工程咨询单位目前是全咨服务的主力军。全过程咨询开展情况与所在省份的GDP密切相关。

尹贻林[⑤]表示：在政策的大力推动下，要推行全过程工程咨询服务模式，就

---

① 严玲，张亚琦，张思睿. 全过程工程咨询项目多层级组合控制模式研究——基于组态分析视角[J]. 土木工程学报，2021，54（04）：107-119.
② 丁士昭. 激励市场需求是全过程工程咨询推进的主要驱动力[N]. 中国建设报，2020-07-03（005）.
③ 王树平. 大设无疆，发挥建筑师全过程技术指导的核心作用[EB/OL]. （2020-08-13）[2020-08-25]. https://new.qq.com/omn/20200825/20200825A08ZQI00.html.
④ 皮德江. 全过程工程咨询现状和发展创新趋势分析[EB/OL]. （2021-04-29）[2021-04-29］.
⑤ 尹贻林. 全过程工程咨询项目经理将是助推转型升级的重要一环[EB/OL]. （2021-04-25）[2021-04-25］. http://www.jjckb.cn/2021-04/25/c_139905198.htm.

要为建筑企业和工程项目注入新动力，必须立足于市场化、国际化的变革趋势，大力培养全过程工程咨询专业技术人才。在全过程工程咨询的时代浪潮下，全过程工程咨询项目经理将是助推转型升级的重要一环。

秦雪璠[①]认为：目前，在国家相关部门大力推进全过程工程咨询服务模式的背景下，咨询企业也面临着新的机遇和挑战，全过程工程咨询服务模式正在成为工程咨询行业新的发展趋势。随后各省市也陆续发文，积极推动培育本地区工程咨询企业转型升级，培养与全过程工程咨询发展相适应的综合型、复合型人才队伍。而后疫情时代咨询行业转型升级需要以人推动，以人为本。我国不缺乏各建设阶段专业技术咨询人员，在咨询行业转型升级的过程中真正缺乏的是复合型专业技术咨询人才，也就是全过程工程咨询项目经理。

常莎莎等[②]指出：2017年2月国务院办公厅《关于促进建筑业持续健康发展的意见》（国办发〔2017〕19号）指出装配式建筑原则上应采用工程总承包模式，这就要求业主具备相应的对工程总承包单位的管控能力，而全过程工程咨询高度契合了业主这一需求，不仅为装配式建筑全过程提供一体化咨询服务，而且解决装配式建筑实施过程中的管理问题。

魏德君[③]表明：2020年国家发展改革委明确了"新型基础设施建设"的内涵，即以新发展理念为引领，以技术创新为驱动，以信息网络为基础，面向高质量发展需要，提供数字转型、智能升级、融合创新等服务的基础设施体系。由此，5G、人工智能、区块链、大数据中心、云计算等一大批新技术新业态快速进入市场，助力各行业加速变革。在此背景下，数字新基建加快了全过程咨询变革发展，区块链技术使全过程咨询过程职责清晰，内容真实且公开透明，大数据使全过程咨询各方共享信息，助力全过程咨询迈向智慧咨询和精准咨询的方向。

陈建凯等[④]指出：国内咨询服务起步晚，缺乏高水平的全专业化咨询企业，因此结合国内实际建议采取以多家单位联合组建的方式提供全过程工程咨询服务。国家相关文件也支持由多家单位共同组建全过程工程咨询服务机构，如《国务院办公厅关于促进建筑业持续健康发展的意见》（国办发〔2017〕19号）指出鼓励投资咨询、勘察、设计、监理、招标代理、造价等企业采取联合经营、并购

---

① 秦雪璠. 转型全过程工程咨询，项目经理是关键［EB/OL］.（2020-12-22）［2020-12-22］. http://www.xinhuanet.com/money/2020-12/22/c_1126893239.htm.

② 常莎莎，周景阳，何鹏旺. 全过程工程咨询在装配式建筑领域的应用研究与建议［J］. 建筑经济，2020，41（S1）：23-28.

③ 魏德君. 数字新基建下的全过程工程咨询变革探索［EB/OL］.（2021-05-27）［2021-11-24］. http://www.ctba.org.cn/list_show.jsp?record_id=292336.

④ 陈建凯，覃鹏，肖亮. 交通枢纽工程全过程工程咨询服务研究与实践［J］. 建筑经济，2021，42（08）：32-35.

重组等方式发展全过程工程咨询，以逐渐培育一批具有国际水平的全过程工程咨询企业。

李建光[①]表示：在对工程改造与城市更新全过程咨询的发展与展望中，工程改造与城市更新是社会发展的需要，行业发展的必然。而针对既有建筑的改造升级更适合采取全过程咨询服务模式。

4.7.2 全过程咨询的模式研究

赵振宇[②]指出：在全过程工程咨询模式下，工程咨询业务的一体化整合、工程咨询全过程的一体化整合都并非简单叠加，而是不同咨询业务和过程的深度融合和系统集成，实现从传统咨询的横向（业务工作）和纵向（过程阶段）条块间均相对独立向注重一体化融合发展的转变。

戚振强[③]认为：在全过程工程咨询的发展中，政府部门先通过全过程工程咨询试点打开市场大门，创造市场需求，咨询企业在其中进行咨询服务和交易、展现试点工程咨询效果，在此过程中双方不断总结经验和交流，并由政府承担公共物品和服务提供的责任，企业承担产业发展的责任。通过协同合作，完善制度供给，实现沟通与监管，实现高质量咨询服务引领，从而促进全过程工程咨询健康发展。

周涛等[④]认为：全过程工程咨询属于典型的知识密集型活动，其服务过程是知识利用和形成的过程，知识的价值附着在咨询业务流程中，在其流动过程中实现价值增值，全过程工程咨询的核心能力体现在知识管理能力、专业技术能力、项目管理能力、信息化能力以及战略规划能力等方面，通过知识管理，整合内外资源，提升全过程工程咨询核心能力已成为工程咨询企业获取持续竞争优势的关键。

李志[⑤]指出：由于造价、监理、设计皆贯穿于项目工程全过程，因此已提出造价方、监理方、设计方主导全咨服务的观点。其中造价主导全咨服务有利于投资、建设过程、盈利回收等全阶段的资金控制；监理的有利于项目策划、勘察、

---

① 李建光. 2020全过程工程咨询行业高质量发展论坛在郑州召开［EB/OL］.（2020-11-11）［2020-11-11］. http://henan.people.com.cn/n2/2020/1111/c351638-34408265.html.
② 赵振宇，姚健波. 全过程工程咨询服务管理体系构建［J］. 建筑经济，2021，42（03）：5-9.
③ 戚振强，韦彩益，董沈阳. 政企协同视角下的全过程工程咨询发展研究［J］. 建筑经济，2021，42（04）：98-101.
④ 周涛，王孟钧，唐晓莹，刘柏建，孙武东，王青娥. 知识价值链与全过程工程咨询核心能力作用机理研究——基于系统动力学的建模与仿真［J］. 铁道科学与工程学报，2021，18（05）：1349-1363.
⑤ 李志，罗舒予. 设计主导的全过程工程咨询集成化管理模式研究［J］. 建筑经济，2021，42（07）：23-27.

设计、采购、施工、竣工验收等全过程的细节处理和各参与方的协调。设计主导全咨服务是以设计贯穿全局管理为理念，以利益相关人需求为服务对象，主导并协调投资、勘察、造价、专项、招标代理、监理、项目管理、运维等专项咨询，在项目全过程阶段提供组织、管理、经济和技术等各有关方面的工程咨询服务。

王树平[①]指出：为什么全过程工程咨询推广当中遇到很多阻力呢？实际上业主还没有完全接受，需要不断地宣传引导，要重新体现设计咨询行业为业主服务的宗旨。第三个能力的问题，想做全过程咨询应该具备整个全过程技术指导和项目管理的能力，包括工程造价、现场的管理等。

尹贻林[②]认为：国家发展改革委、住房和城乡建设部印发《关于推进全过程工程咨询服务发展的指导意见》(以下简称《意见》)，提出设计单位在民用建筑中实施全过程咨询的，要充分发挥建筑师的主导作用。《意见》将全过程工程咨询分为两部分，投资决策综合性咨询（保证项目成功）和工程建设全过程咨询（保证项目管理成功）。政府投资的"一般公共品"项目为的是解决人民群众的公共需求，应推行全过程工程咨询。对此，《意见》中也已明确，为增强政府投资决策科学性、提高政府投资效益，政府投资项目要优先采取综合性咨询服务方式。

吴晔[③]指出：在建筑行业大力推进全过程工程咨询服务模式的政策背景下，全过程工程咨询服务认证需要应运而生。中国建研院隶属于国务院国有资产监督管理委员会，是全国建筑行业综合性研究和开发机构。中国建研院根据我国出台的《关于推进全过程工程咨询服务发展的指导意见》《建设工程企业资质管理制度改革方案》《关于深化"证照分离"改革进一步激发市场发展活力的通知》等政策要求并结合市场需求，开展全过程工程咨询服务认证工作。认证流程和内容主要包括：依据国家相关法律法规及标准技术文件，对在建设项目全生命周期中提供投资咨询、招标代理、勘察、设计、监理、造价、项目管理等专业化咨询业态的服务机构进行全过程工程咨询服务能力评价。通过全过程工程咨询服务认证的企业，可证明其能够稳定、可靠、持续地为业主提供专业、高效的咨询服务。企业相关认证结果，可通过全国认证认可信息公共服务平台进行查询确认。企业具备全过程工程咨询服务认证有利于形成独有的竞争优势，并为我国建筑业的高

---

① 王树平. 大设无疆，发挥建筑师全过程技术指导的核心作用[EB/OL]. (2020-08-13)[2020-08-25]. https://new.qq.com/omn/20200825/20200825A08ZQI00.html.

② 尹贻林. 全过程工程咨询项目经理将是助推转型升级的重要一环[EB/OL]. (2021-04-25)[2021-04-25]. http://www.jjckb.cn/2021/04/25/c_139905198.htm.

③ 吴晔. 践行"放管服"深入开展全过程工程咨询服务认证工作[EB/OL]. (2021-11-24)[2021-11-24]. http://www.news.cn/enterprise/2021-11/24/c_1128095121.htm.

质量发展发挥助推作用。

王早生[1]指出：全咨服务新天地，管理技术加经济，提供全过程工程咨询服务，管理技术和经济三者缺一不可，技术主要是设计的范畴，专业性很强，管理主要是监理的特长，通用性比较强。经济也很重要，尤其在市场经济条件下，不讲经济就不能持久，就不能持续发展。并且这三者要尽可能地融合，如果一步做不到融合，可以先合作，后组合，最后再深度融合。

洪菲等[2]指出：通过联合经营、并购重组等方式，将招标代理、勘察、监理、法务、项目管理等不同能力的咨询单位组合，势必成为全过程咨询的主力军，同时应该深刻地理解这种组合不是简单的叠加，单项供给的方式并不是业主真正的需求，打造一支专业的项目管理团队，将全过程服务闭环，从投资立项到项目建成之后的后评价全部纳入其中，服务的组合不是累积，是梳理成串，是专业的管理。

4.7.3 全过程咨询的绩效评价

刘文智[3]指出：相较于传统的造价管理模式，全过程造价咨询具有管控系统性、成本可控性和管理动态化的特点。对建设项目进行整体调控，提高项目的风险管理效果。缩短了项目建设工期，避免了三超问题，降低了项目资金管控成本。随着城市基础设施项目的建设规模扩大和项目精细化管理要求的提高，全过程造价咨询已成为工程项目有效发挥经济效益和社会效益的一项重要因素。

陆敏敏[4]认为：全过程工程咨询方需要真实、全面和动态地了解建设项目的全方位生产要素信息，通过数字化来驱动，加强全过程工程咨询单位对工程项目的管控能力，提高管理的效率和决策的科学性。

陈建凯等[5]指出：采用基于决策+设计的全过程工程咨询服务，提供了可靠的决策支持，咨询服务清晰定位了项目的功能与建设规模，为项目投资决策提供了可靠的支撑，并且优化项目投资及其效益，此外全过程工程咨询服务贯穿项目全周期，加快项目的全过程推进，在规划、设计、施工中层层传导项目的建设意

---

[1] 王早生. 王早生会长在监理企业发展全过程工程咨询服务交流座谈会上的讲话[EB/OL]. (2021-11-09)[2021-11-09].

[2] 洪菲, 马文彦, 孙建超, 赖裕强. 从天津国家会展中心项目设计总包管理展望全过程工程咨询[J]. 建筑科学, 2020, 36(09): 134-141.

[3] 刘文智. 建设项目全过程造价咨询服务的重点及实施效果研究[J]. 建筑经济, 2021, 42(09): 42-46.

[4] 陆敏敏. 全过程工程咨询项目数字化管理的实践与探索[J]. 建筑经济, 2020, 41(S1): 17-19.

[5] 陈建凯, 覃鹏, 肖亮. 交通枢纽工程全过程工程咨询服务研究与实践[J]. 建筑经济, 2021, 42(08): 32-35.

图，统一各阶段、各专业的目标，利于缩短项目整体建设周期。

武建平[1]认为：采用全过程工程咨询模式有利于工程咨询企业较早介入到建设项目中，更早熟悉建设图纸和设计理念，明确投资要点，预测风险，并制定合理有效的防范性对策，以避免或减少索赔事件的发生。全过程工程咨询的内涵，就是要在建设项目的全过程，让内行做管理，实现提高效率、精细管理的目标。有利于提高建设工程管理水平，保障项目质量与生产安全，有利于协调工程各参建方的关系。

4.8 建筑产业工人队伍培育

4.8.1 建筑业劳动力现状与发展趋势

住房和城乡建设部建筑市场监管司相关负责人[2]对《关于加快培育新时代建筑产业工人队伍的指导意见指导意见》作出解读：建筑业是我国国民经济的支柱产业，其劳动密集型的特点使得农民工成为建筑工人的主体，是我国产业工人的重要组成部分。据国家统计局《2019年农民工监测调查报告》显示，全国从事建筑业的农民工有5437万人，占全国农民工的近五分之一。在我国城镇化快速推进和深化供给侧结构性改革的背景下，单纯依靠"低技术、低成本"的劳动密集型模式推动建筑业发展已难以满足需要，而我国人口红利的逐渐消失也在倒逼建筑业加快向工业化、标准化、信息化方向转变。目前，建筑产业工人面临的工作临时性强、流动性大、作业时间长、环境恶劣、老龄化严重、企业归属感差、文化程度低、技能培训不足、劳动权益与社会保障不到位等诸多现实问题依然没有得到根本解决，严重制约了我国建筑行业的发展。

栾德成[3]指出：根据《关于加快培育新时代建筑产业工人队伍的指导意见》，2020年建筑业要实现建筑工人全员培训、持证上岗；到2025年，基本形成以中级技工为主体、高级技工为骨干，技师、高级技师为龙头，老、中、青比例合理，职业化程度较高的产业工人队伍。这是对施工现场专业人员和施工企业管理

---

① 武建平.《民法典》视角下建设项目总承包模式与全过程工程咨询的结合分析[J]. 建筑经济，2020，41（S2）：145-149.

② 芮露宁. 住房和城乡建设部建筑市场监管司相关负责人解读《关于加快培育新时代建筑产业工人队伍的指导意见》[EB/OL]. (2021-01-18) [2021-01-18]. http://www.chinajsb.cn/html/202101/18/17186.html.

③ 栾德成. 打造高素质产业工人队伍助推建筑业高质量发展[EB/OL]. (2020-07-17) [2020-07-17]. http://www.chinajsb.cn/html/202007/17/11870.html.

者的"严绳",更是行业实现高质量发展的应然与必然之举。

张然等[①]指出:近些年,我国出现了从沿海地区到全国范围的用工荒问题,建筑业作为劳动密集型产业,劳动力的缺失对其打击巨大。同时,建筑工人老龄化问题日益严重。随着老龄化进程,建筑工人的身体机能、工作能力普遍下降,残疾风险大幅增加。

刘朋[②]表明:中国劳务——关心关爱建筑产业工人项目,努力在全社会营造关心关爱建筑工人的氛围,不断提高建筑工人的幸福指数,助力建筑工人队伍的培育,有效保障建筑工人权益;同时,妥善解决建筑产业工人面临的一系列问题,在维护社会公平正义、保持社会和谐稳定、实现社会均等化发展等方面贡献应有的力量。《关心关爱建筑工人行动方案(2021)》对行动的服务内容、具体落实措施等进行了详细安排与部署。将通过利用产业互联网创新模式,加快建筑业向工业化、标准化、信息化方向转变;坚持以公益性服务为初心,联合社会资源力量,提升建筑工人社会地位;切实提高建筑工人安全技能水平和身心健康素养,培育具有劳模精神、工匠精神的知识型、技能型、创新型的高水平建筑工匠,推动建筑业劳动力优化和行业发展。

王广斌[③]指出:我国建筑产业工人流动率高、素质较低、社会保障较差、老龄化严重,存在用工荒等情况。虽然目前建筑工人实名制管理体系和职业培训体系已基本建立,但是建筑产业工人问题仍然显著,与发达国家具有较大差距。我国建筑业产业工人培训及管理需要持续改革,以适应人口结构变化和市场需求改革。

邹彬[④]表示:通过在传统施工项目了解到的情况来看,传统建筑产业吸引就业困难重重,50、60后农民工即将"谢幕",70、80后农民工供应不足,90、00后农民工寥寥无几的"三段式"困局已成为不可忽视的现象。在大力开展工人产业培训教育的大背景下,传统工地更难吸引掌握了先进技能的新一代工人。为避免学无所用的逆向循环形成,有必要推广打造新一代建筑技术产业,以新型平台承接人才转移,形成"人才队伍优化培育——企业发展转型升级"的双向良性循环。

---

① 张然,文兆铖,秦华,王凯晖,谢贻东. 北京市建筑工人个人工作能力影响因素研究[J]. 土木工程与管理学报,2021,38(03):161-166.
② 刘朋. 营造关爱建筑工人氛围助力新时代建筑产业工人培育[EB/OL]. (2021-04-13)[2021-04-13]. http://www.chinajsb.cn/html/202104/13/19372.html.
③ 王广斌. 营造关爱建筑工人氛围助力新时代建筑产业工人培育[EB/OL]. (2021-03-05)[2021-03-05]. http://www.chinajsb.cn/html/202103/05/18325.html.
④ 邹彬. 全国人大代表邹彬:推动农民工向新型建筑产业工人转变[EB/OL]. (2021-03-05)[2021-03-05]. http://www.chinajsb.cn/html/202103/04/18283.html.

4.8.2 建筑业产业工人的核心技能与素质

刘哲生[①]认为：应完善职业（工种）类别。探索开展智能建造相关培训，加大对装配式建筑、建筑信息模型（BIM）等新兴职业（工种）建筑工人培养力度，有效提高建筑业工人队伍素质。

陈敏等[②]认为：基于指标筛选和访谈结果，充分考虑建筑产业现代化的生产特征和建筑产业工人的内涵，形成知识、技巧、态度、潜力、活力五个维度、专业知识、年龄、适应能力、团结合作、吃苦耐劳、学习能力等十八个指标的建筑产业工人职业素质评价指标体系，运用层次分析法得出排名前五的指标是操作规范、认真负责、安全防护、操作规范认知、健康状况，在五大维度中技巧排名第一、态度排第二，说明对于建筑产业工人的培养不仅要注重技巧熟练度，而且要强调责任心，体现工匠精神。

曾德珩等[③]认为：农民工职业化是指从事非农产业的农民工经过市场竞争，成为具备一定从业技能和职业资格的新型产业工人，农民工职业化是实现建筑产业转型、创新驱动发展的人力资本保障。农民工市民化是指农民工的社会身份向市民转变时，获得并运用市民权的基本资格和能力，适应城市并具备市民基本素质的过程。建筑农民工市民化水平与职业化水平是其产业工人化程度的直接前因变量；建筑业发展水平、政策制度环境共同影响着建筑农民工职业化水平和市民化水平的提升。

鞠洪芬[④]指出：全面提升建筑产业工人的综合素质特别是专业技能水平，是一项极其重要的工作。为顺应推广装配式建筑、建筑信息模型（BIM）技术应用要求，中国建设劳动学会不断加强高素质产业人才队伍建设战略研究与实践，积极参与住房和城乡建设行业职业技术技能人才教育培养、职业技能评价等相关工作，组织了百余名专家和学者开展相关课题研究，搭建了远程培训和建筑劳务市场服务平台，开发了职业技能人员培训评价管理系统，形成了一套较为完整的技术技能人才培养评价体系和管理模式，其中标准是核心、制度是保障、信息化是支撑，专业化人员队伍和工作机制是必备条件。以标准为引领，大力开展"技能

---

① 刘哲生. 建设高素质产业工人队伍保障建筑业高质量发展[EB/OL]. （2021-06-10）[2021-06-10]. http://www.chinajsb.cn/html/202106/10/20775.html.

② 陈敏，张钱，郭帅凤，王渊捷. 基于胜任力模型的建筑产业工人职业素质评价[J]. 土木工程与管理学报，2020，37(01)：57-63.

③ 曾德珩，陈春江，杜永杰. 中国建筑业农民工向产业工人转型动力机制与传导路径研究[J]. 重庆大学学报（社会科学版），2021，27(03)：288-299.

④ 鞠洪芬. 标准化建设 为加快培养高素质建筑产业工人队伍助力[EB/OL]. （2021-01-22）[2021-01-22]. http://www.chinajsb.cn/html/202101/22/17329.html.

铸就梦想，立志成才报国"群众性岗位练兵、劳动竞赛、技术比武等活动。激励高素质技术技能人才茁壮成长，激励从业人员勤学苦练、增长才能。

4.8.3 建筑业产业工人队伍培育方式

住房和城乡建设部建筑市场监管司相关负责人[①]对《关于加快培育新时代建筑产业工人队伍的指导意见》（以下简称《指导意见》）作出解读：做实产业工人培育载体，包括要加强建筑工人技能培训，要求各地制定施工现场技能工人基本配备标准，引导建筑企业建立建筑工人培育合作伙伴关系。要保障建筑工人合法权益，包括制定建筑工人生产生活基本标准，要求各地将建筑工人纳入当地住房保障范围，保障建筑工人享有城市基本公共服务。《指导意见》中为建筑劳务企业谋划了三条转型发展道路。第一条是鼓励有一定组织、管理能力的劳务企业通过引进人才、设备等方式向施工总承包或专业承包企业转型；第二条是引导小微型劳务企业、劳务班组或有一定技能和经验的建筑工人向专业作业企业转型发展，选择一至两个专业作业工种方向，进一步做专做精；第三条是鼓励有条件和经验的劳务企业利用自身优势搭建劳务用工信息服务平台，为小微专业作业企业与施工企业提供信息交流渠道，走平台化发展道路。广大建筑劳务企业可根据本企业实际情况和未来业务发展方向，自主选择发展路径。我们也欢迎和鼓励广大小型劳务企业和有一定技能的班组长成立专业作业企业，走专精特发展之路。

盛达等[②]认为：基于区块链技术，通过对接建筑工人产业化建设的各参与方，形成基于区块链的建筑产业工人信息管理框架，构建建筑工人信息的集成和共享环境，提升工人的技能水平，优化资源配置，促进自我激励，保障合法权益，为建筑工人队伍向产业化转型提供技术支撑。

栾德成[③]指出：建筑业的人才培育应坚持"严绳"与"勤教"原则，以"严绳"约束人才，实现全员持证上岗，促进人才队伍建设规范化发展；以"勤教"培养人才，打造一流的职业化产业工人队伍，推动行业高质量发展。"勤教"就是要打磨锤炼，促其成才。一要加强员工施工现场的历练，夯实业务基础；二要注重对员工专业技能的持续培训，使其永葆与时俱进、紧盯行业前沿技术的学习

---

① 芮露宁. 住房和城乡建设部建筑市场监管司相关负责人解读《关于加快培育新时代建筑产业工人队伍的指导意见》[EB/OL]. (2021-01-18) [2021-01-18]. http://www.chinajsb.cn/html/202101/18/17186.html.

② 盛达, 钟波涛, 骆汉宾. 基于区块链的建筑产业工人信息管理框架研究[J]. 建筑经济, 2021, 42(10): 89-94.

③ 栾德成. 打造高素质产业工人队伍助推建筑业高质量发展[EB/OL]. (2020-07-17) [2020-07-17]. http://www.chinajsb.cn/html/202007/17/11870.html.

态度；三要加强对高级管理人才的培养，使其贴近基层、服务基层，以更加行之有效的管理方式方法，带领队伍出色地完成预期目标。企业要以创新绩效为核心的人才评价激励机制，形成人尽其才、才尽其用、用有所成的良性发展局面。众所周知，建筑业工人老龄化趋势极其严重，因此，要深化建筑业用工制度改革，重视建筑工人职业技能培训和技能鉴定，鼓励大型建筑业企业与劳务输出基地县（市）共建建筑工人培训基地，推动建筑工人职业化，努力打造一支知识型、技能型、创新型的建筑产业工人队伍，此外，人力资源和社会保障部印发了《关于举办中华人民共和国第一届职业技能大赛的通知》。这些文件和措施，为建筑业的"勤教"树人规划了具体路径。建筑业企业应当以此为抓手，打造一流的职业化建筑产业工人队伍。

陈敏[①]认为：我国应充分重视建筑工人的职业教育，一方面强化建筑工人的上岗及在职培训，另一方面可以借鉴德国的双元制职业教育体制，在建筑业内普遍推广新型学徒制，提升建筑工人入职水平。同时应改革建筑行业用工制度，鼓励建筑企业招收并培养自有高技术建筑工人，同时打通技能人才职称评定瓶颈，给建筑工人提供更多的上升渠道。

刘哲生[②]指出：要提升建筑工人素质、建设产业工人队伍、加强工匠培育。一是政府主管部门和企业应当落实提高建筑工人技能导向的激励和监督考核机制。施工企业健全完善企业建筑工人管理服务信息平台，将建筑工人管理数据与日常监管相结合，有针对性地开展教育培训工作。二是国有建筑业企业和大型建筑业企业集团应承担起培育高技能人才和优秀工匠的历史责任。建筑业企业应提高高技能人才的职业晋升途径和薪酬待遇。有计划地吸纳职业院校（含技工院校）毕业生充实到施工生产一线高新技术岗位，建立长期稳定的高技能核心技能人才队伍。三是必须加快完善建筑业职业技能考核、培训、鉴定体系，加快向具备条件的企业下放自主技能培训、考核、鉴定和发证权限。有条件的施工企业应采取建立培训基地、校企合作等多种形式，力争培养大批技工取得技能等级证书。四是加快城镇化步伐，吸收优秀农民工转化为城镇职工；加强舆论引导，提高技能人才和建筑工匠的社会地位。必须推进用工制度改革，通过签订劳动合同，使企业与务工人员建立和谐稳定的劳动关系。推进现有户籍制度改革、健全建筑业农村务工人员的社会保障制度，加快建设一支知识型、技能型、创新型的建筑产业工人大军。

---

① 陈敏，张钱，郭帅凤，王渊捷. 基于胜任力模型的建筑产业工人职业素质评价[J]. 土木工程与管理学报，2020，37(01)：57-63.

② 刘哲生. 建设高素质产业工人队伍保障建筑业高质量发展[EB/OL]. (2021-06-10)[2021-06-10]. http://www.chinajsb.cn/html/202106/10/20775.html.

王广斌[①]建议：一是建立多元化双轨制职业教育体系，协调输出多层级行业人才。完善多层次职业教育结构，推动应用型本科、高职、中职院校贯通教育，完善职业院校专业认证，形成多层级动态培养结构，推进职业教育协调发展。建立建筑业人才数据平台，研制职业教育产教对接谱系图和职业晋升路径，打造一批建筑业产业联盟和职教集团，深化校企合作。二是建立多样化培训经费制度，形成行业培训固定的经济支撑。明确政府、企业、第三方组织责权利关系，完善相关法律法规，明确培训经费标准。充分发挥行业协会作用，规范职业培训，协调企业与政府、工人之间经济关系。企业依据业绩缴纳培训税金，承担工人培训期间薪资，研制职位培训谱系图，完善企业培训运行机制。三是建立完善劳务数据平台，推进劳务大数据集成管理。加快建筑工人信息管理平台数据对接，完善职业培训信息平台，建立劳务信息平台，对接建筑市场信息及监督管理平台。制定全国统一数据标准，整合多数据平台信息，规范劳动市场交易、培训、保障以及用工制度，形成全方位大数据集成管理。

---

① 王广斌. 改善培养体系促进建筑产业工人教育一体化[EB/OL]. (2021-03-05)[2021-03-05]. http://www.chinajsb.cn/html/202103/05/18325.html.

第 5 章　建筑业行业发展大事记

1 月

【住房城乡建设部对农村危房改造工作再部署】 1月9日，村镇建设工作座谈会在北京召开，住房城乡建设部副部长倪虹出席会议并讲话，重点对攻克深度贫困堡垒，实现贫困户基本住房安全有保障进行部署。会议深入学习了习近平总书记关于脱贫攻坚的重要讲话和重要指示批示精神，传达了国务院扶贫开发领导小组在云南怒江州召开的深度贫困地区脱贫攻坚座谈会精神。会议要求，各地要集中力量攻克深度贫困堡垒，确保如期实现贫困户基本住房安全有保障任务；按照住房城乡建设部、财政部、国务院扶贫办、民政部、中国残联关于开展脱贫攻坚"回头看"排查工作要求，确保2020年年底前完成改造；尽快完成建档立卡贫困户危房改造信息核对和录入；探索建立保障贫困户住房安全的长效机制；加强危房改造政策和成效宣传，形成积极的舆论氛围。

2 月

【企业可申请缓缴住房公积金】 2月20日，住房城乡建设部副部长倪虹在国务院联防联控机制新闻发布会上说，住房城乡建设部会同财政部、中国人民银行研究提出了关于住房公积金的三项阶段性支持政策。一是对企业，可按规定申请在2020年6月30日前缓缴住房公积金。二是对职工，特别是对一线的医护人员、疫情防控人员，因疫情需要隔离或者暂时受疫情影响的职工，同样2020年6月30日前，住房公积金贷款不能正常还款的，不做逾期处理。同时，考虑对于支付房租有压力的缴存职工，可合理提高租房提取额度，并灵活安排提取时间。三是对疫情比较严重和严重地区的企业，在与职工充分协商的前提下，可在2020年6月30日前决定自愿缴存公积金。继续缴存的，可以自主商定缴存比例；停缴的，停缴存期间缴存时间，同样连续计算，不影响职工正常提取住房公积金和申请住房公积金贷款。

【加强新冠肺炎疫情防控有序推动企业开复工】 2月26日，住房城乡建设部发布关于加强新冠肺炎疫情防控有序推动企业开复工工作的通知。通知明确要加强房屋建筑和市政基础设施工程领域疫情防控,有序推动企业开复工。通知指出,要分区分级推动企业和项目开复工。地方各级住房城乡建设主管部门要根据本地疫情防控要求,开展企业经营和工程项目建设整体情况摸排,加强分类指导,以县(市、区、旗)为单位,有序推动企业和项目开复工。低风险地区要全面推动企业和工程项目开复工,中风险地区要有序推动企业和工程项目分阶段、错时开复工,高风险地区要确保在疫情得到有效防控后再逐步有序扩大企业开复工范围。涉及疫情防控、民生保障及其他重要国计民生的工程项目应优先开工,加快推动重大工程项目开工和建设,禁止"一刀切"。

通知强调,地方各级住房城乡建设主管部门要积极与地方卫生健康主管部门、疾控部门加强统筹协调,根据实际情况制定出台建设工程项目疫情防控和开复工指南,重点对企业组织管理、人员集聚管理、人员排查、封闭管理、现场防疫物资储备、卫生安全管理、应急措施等方面提出明确要求,细化疫情防控措施,协助企业解决防控物资短缺等问题。强化企业主体责任,明确已开复工项目施工现场各方主体职责,严格落实各项防疫措施,切实保障企业开复工后不发生重大疫情事项,全力服务国家疫情防控大局。

【《新冠肺炎应急救治设施负压病区建筑技术导则(试行)》印发】 2月27日,为进一步做好新冠肺炎疫情防控工作,加强新冠肺炎应急救治设施建设,国家卫生健康委员会办公厅、住房城乡建设部办公厅联合印发《新冠肺炎应急救治设施负压病区建筑技术导则(试行)》。导则是根据现行《综合医院建筑设计规范》GB 51039、《传染病医院建筑设计规范》GB 50849等国家现行有关标准、规范和《新型冠状病毒肺炎应急救治设施设计导则(现行)》等有关要求制订的。导则适用于新冠肺炎疫情防控期间应急救治设施负压病区的新建和改造,明确了负压病区的主要构成,规范了负压病区建筑、结构、给水排水、供暖通风及空调、电气及智能化、医用气体等多方面设计要求和技术参数,并提出了负压病区日常运行维护相关要求。两部门要求,各地可结合防疫工作和实际需要,在新冠肺炎应急救治设施的新建和改造中参照执行,确保相关设施安全、高效运行,为一线医护工作者提供安全可靠的工作环境,为患者提供舒适便捷的就医环境,全力保障疫情救治需要。

3月

【部扶贫攻坚领导小组2020年第一次会议研究部署脱贫攻坚工作召开】 3月13日,住房城乡建设部召开部扶贫攻坚领导小组2020年第一次会议,深入学习贯彻习近平总书记在决战决胜脱贫攻坚座谈会上的重要讲话精神，审议部2020年扶贫工作要点和定点扶贫工作计划，部署2020年脱贫攻坚和定点扶贫工作。会议采取网络视频会形式召开。会议强调，要克服新冠肺炎疫情影响，聚焦短板弱项，指导督促各地分区分级精准复工复产，有序推动农村危房改造工作。倾斜支持"三区三州"等深度贫困地区，扎实开展挂牌督战，确保今年6月底前完成脱贫攻坚农村危房改造扫尾任务。认真落实"四个不摘"工作要求，助力定点扶贫县和大别山片区县全面完成脱贫攻坚任务，巩固脱贫攻坚成果。

【住房城乡建设部印发房屋市政工程复工复产指南】 3月24日，住房城乡建设部办公厅印发《房屋市政工程复工复产指南》，从复工复产条件、现场疫情防控、质量安全管理、应急管理、监督管理、保障措施等方面指导各地统筹做好新冠肺炎疫情防控和工程质量安全工作，稳步有序推动工程项目复工复产。

《指南》明确，新冠肺炎疫情防控期间，房屋市政工程复工复产施工现场各参建单位（含建设、施工、监理等）项目负责人是本单位工程项目疫情防控和复工复产的第一责任人。地方各级住房和城乡建设主管部门及有关部门应当在地方党委和政府统一领导下，积极指导和帮扶建筑业企业分区分级、分类分时、有条件复工复产，坚决防止发生聚集性传染事件和质量安全事故。

《指南》指出，构建疫情防控机制、编制专项防控方案是房屋市政工程项目复工复产的必要条件，要通过建立"一人一档"健康管理制度、封闭管理施工现场、复工前安全隐患排查等措施，统筹指导工程项目疫情防控和质量安全管控。项目现场应严格执行门卫登记检查制度，按照疫情防控相关要求，修订完善施工组织设计、专项施工方案、应急预案等，优化施工计划与组织，优先安排机械进场作业，落实疫情防控所需物资、人员、资金。

《指南》对质量安全管理也作出相应指导，要求重点排除危险性较大分部分项工程、脚手架等模板支撑体系、起重机械设备、深基坑工程施工、城市轨道交通工程施工等方面的安全隐患，列出安全和质量问题（缺陷）隐患清单，制定可靠的整改方案，及时采取有效措施消除隐患，坚决遏制质量安全事故。

在疫情防控应急预案和复工复产保障措施等方面，《指南》提出，复工复产工程项目应组建应急队伍，一旦发生涉疫情况，应第一时间向有关部门报告、第一时间启动应急预案、第一时间采取停工措施并封闭现场。地方各级住房和城乡建设主管部门及有关部门要加强对复工复产保障政策的解读、细化和落实，支持建筑业企业依法享受税收、成本、金融、保险等优惠政策，打通政策落地"最后一公里"。

4月

【2020年全国城市排水防涝电视电话会议召开】 4月8日，住房城乡建设部召开2020年全国城市排水防涝电视电话会议，部署城市排水防涝工作，保障城市安全度汛。会议指出，要做好排水防涝设施汛前检查和检修维护，提前降低内河水位，清疏管道河道，保障雨水的蓄滞空间和排水顺畅；对立交桥下、低洼地带、棚户区、地铁等在建工程区域进行重点排查，消除隐患点；完善并落实应急预案，做好应急抢险准备，加强"人防""物防""技防"等应急措施；加强部门协作和信息共享，与相关部门做好雨情、水情、涝情的联动处置。会议强调，要系统化全域推进海绵城市建设，加快构建排水防涝工程体系。增强城市调蓄、吸纳雨水的能力，杜绝侵占河湖水系、低洼地等行为，保留和恢复必要的雨水蓄滞空间和行泄通道。统筹谋划城市防洪和排涝工作，推进排水防涝设施建设，注重项目实施的系统性，加快项目储备和前期工作，推动项目开工，加强监督管理，确保工程质量。

【住房城乡建设部联合驻部纪检监察组召开决战决胜脱贫攻坚农村危房改造部署会暨系统纪检监察机构视频远程教育培训】 4月10日，住房城乡建设部联合中央纪委国家监委驻住房城乡建设部纪检监察组召开决战决胜脱贫攻坚农村危房改造工作部署会暨系统纪检监察机构视频远程教育培训，深入学习贯彻习近平总书记在决战决胜脱贫攻坚座谈会上的重要讲话和重要指示批示精神，贯彻落实党中央、国务院脱贫攻坚决策部署，不折不扣抓好中央脱贫攻坚专项巡视"回头看"整改，对脱贫攻坚决战决胜阶段农村危房改造工作进行再部署再督促。部党组成员、副部长倪虹和驻部纪检监察组组长、部党组成员宋寒松出席会议并讲话。

会议要求，各地要努力克服新冠肺炎疫情影响，不折不扣落实脱贫攻坚大排查等发现的问题整改工作，全力以赴补短板、强弱项，确保整改落实到位。要统筹用好提前下达的2020年中央财政农村危房改造补助资金，加大对"三区三州"等深度贫困地区的政策支持和技术帮扶，加快推进农村危房改造扫尾工程，加强工程质量安全监管，抓紧完善贫困户住房安全信息档案管理，严实深细抓好各项工作落实。住房城乡建设部举全部之力，组建14个帮扶工作组，根据疫情防控要求，采取日常联系和实地督战相结合的方式灵活开展挂牌督战，帮助地方解决实际困难，确保6月底前完成脱贫攻坚农村危房改造扫尾任务。

会议强调，系统纪检监察机构要充分发挥监督保障执行、促进完善发展作用。要紧盯问题实施精准监督、靶向监督，在监督的高质量、高效能上下功夫，推动脱贫攻坚主体责任层层落实到位。要一以贯之、持之以恒地反对和力戒形式主义、官僚主义，相信基层、依靠基层、切实为基层减负。要增强大局意识、全局观念，充分发挥监督的支持保障作用，严格落实"三个区别开来"，捆住乱作为的手脚，释放干事创业的动能。同时不断加强自我监督，注重完善全系统纪检监察机构的条线联系，上下一心、步调一致、同向发力，推动形成立体监督工作格局，把精准监督、支持保障各项工作落实到各个层级，落实到"最后一公里"，在决战决胜脱贫攻坚中奋力书写初心和使命。

5月

【住房城乡建设部安全生产管理委员会召开全体会议】5月7日，住房城乡建设部安全生产管理委员会（以下简称"部安委会"）召开全体会议，学习贯彻习近平总书记关于安全生产重要指示精神和李克强总理批示要求，贯彻落实国务院安委会全体会议和全国安全生产电视电话会议精神，总结2019年和当前住房和城乡建设系统安全生产工作，以《城市建设安全专项整治三年行动实施方案》（以下简称《实施方案》）为抓手，研究部署下一阶段重点任务。部安委会主任、副部长易军主持会议并讲话。

会议强调，习近平总书记多次对安全生产工作作出重要批示，李克强总理也提出具体工作要求。部安委会各成员要提高政治站位，把习近平总书记重要批示作为各项工作的根本遵循，认真学习、深刻领会，贯彻落实到安全生产各项工作中去。要深刻认识抓好安全生产工作的极端重要性，守土有责、守土尽责，切实担负起防范化解住房和城乡建设领域重大安全风险的政治责任。要坚持问题导向，突出重点领域和薄弱环节，下更大气力抓好安全生产工作，坚决守住安全底线，以保民平安、为民造福的实际成效践行"四个意识"，坚决做到"两个维护"。

会议指出，坚持统筹协调，持续抓好疫情防控常态化条件下房屋市政工程开复工和质量安全工作。今年以来，住房和城乡建设系统坚决贯彻落实习近平总书记关于统筹推进疫情防控和经济社会发展的重要讲话精神，扎实做好疫情防控保供给、保清洁、保安全、保急需工作，扎实推进建筑工地分区分级精准复工复产。各地通过安全生产承诺制、网上办理手续、到期证件自动顺延和信息化监管等措施，支持企业复工复产。先后制定下发《住房和城乡建设部办公厅关于加强新冠肺炎疫情防控有序推动企业开复工工作的通知》《住房和城乡建设部办公厅关于加强新冠肺炎疫情防控期间房屋市政工程开复工质量安全工作的通知》《房屋市政工程复工复产工作指南》，督促指导各地稳步有序推动工程项目复工复产，确保工程建设质量安全。福建省泉州市欣佳酒店"3·7"坍塌事故发生后，住房城乡建设部坚决贯彻落实中央领导同志重要批示要求，与应急管理部组成联合工作组，指导地方抢险救援，并认真做好事故调查工作。会同有关部门全面排查疫情隔离观察场所和复工人员集中居住场所安全风险隐患。督促各地加强部门协调联动，认真整改存在问题。统筹做好疫情防控和工程质量安全工作，打赢疫情防控的人民战争、总体战、阻击战。

会议要求，必须全力以赴，落实好《实施方案》。为贯彻落实习近平总书记重要批示精神，国务院安委会牵头制定《全国安全生产专项整治三年行动计划》（以下简称《行动计划》），住房城乡建设部牵头制定《实施方案》。部党组高度重视城市建设安全专项治理工作，王蒙徽部长要求提高政治站位，充分认识到制定并落实《行动计划》《实施方案》是一项严肃的政治任务，又是光荣的使命担当。城市建设安全专项整治工作要有全局思维、系统考虑，要把《实施方案》作为今后三年住房和城乡建设领域安全生产工作最有力抓手。要落实好《实施方案》6个方面的重点任务：一是加强对各地城市规划建设管理工作的指导，将城市安全韧性作为城市体检评估的重要内容，将城市安全发展落实到城市规划建设管理的各个方面和各个环节；充分运用现代科技和信息化手段，建立国家、省、市城市安全平台体系，推动城市安全和可持续发展。二是指导地方全面排查利用原有建筑物改建改用为酒店、饭店、学校、体育馆等人员聚集场所安全隐患，依法查处违法建设、违规改变建筑主体结构或使用功能等造成安全隐患行为，督导各地整治安全隐患。三是根据城市建设安全出现的新情况，明确建筑物所有权人、参建各方的主体责任以及相关部门的监管责任。四是开展摸底调查，研究制定加强城市地下空间利用和市政基础设施安全管理指导意见，推动各地开展城市地下基础设施信息及监测预警管理平台建设。五是完善燃气工程技术标准，健全燃气行业管理和事故防范长效机制。指导各地建立渣土受纳场常态监测机制、推动市政排水管网地理信息系统建设。六是督促企业落实主体责任，指导各地开展起重机械、高支模、深基坑、城市轨道交通工程专项治理，依法打击建筑市场违规行为，推进建筑施工安全生产许可证制度改革。

会议要求，城市建设安全专项整治工作覆盖面广、压力大、时间紧、任务重，各级住房和城乡建设主管部门及有关部门必须全力以赴、迎难而上、不折不扣，确保高质量完成各项任务。各地加强组织领导、明确任务分工、强化保障措施，按照城市建设安全专项整治三年行动目标和任务，制定时间表、路线图，扎实推进各项工作，促进城市建设安全治理体系和治理能力现代化。同时，配合做好《行动计划》涉及住房和城乡建设领域职责的消防、交通、工业园区、危险废物等安全专项整治工作，以及贯彻落实中办国办《关于全面加强危险化学品安全生产工作的意见》等相关工作。

会议强调，部安委会各成员单位要深入贯彻习近平总书记"管行业必须管安全、管业务必须管安全、管生产经营必须管安全"指示精神，按照法律法规、"三定方案"等规定，履行安全生产和应急管理工作机构职责。今年新冠肺炎疫情给住房和城乡建设领域各项工作造成较大冲击、影响，对安全生产工作也带来不小的压力和挑战。要进一步统一思想、提高认识、团结协作、凝神聚力，继续发扬特别能战斗的优良作风，督促地方做好住房和城乡建设系统安全生产各项工作，坚决防范和遏制重大事故发生，为全面建成小康社会营造安全稳定的社会环境。部安委会副主任、总工程师李如生，各成员单位主要负责人参加会议。

【住房城乡建设部印发《关于推进建筑垃圾减量化的指导意见》】 5月8日，住房城乡建设部印发了《关于推进建筑垃圾减量化的指导意见》（建市〔2020〕46号）。文件提出建筑垃圾减量化工作的基本原则：统筹规划，源头减量；因地制宜，系统推进；创新驱动，精细管理。

文件设立了推进建筑垃圾减量化的工作目标：2020年年底，各地区建筑垃圾减量化工作机制初步建立。2025年年底，各地区建筑垃圾减量化工作机制进一步完善，实现新建建筑施工现场建筑垃圾（不包括工程渣土、工程泥浆）排放量每万平方米不高于300吨，装配式建筑施工现场建筑垃圾（不包括工程渣土、工程泥浆）排放量每万平方米不高于200吨。

文件明确了推进建筑垃圾减量化的主要措施，包括开展绿色策划、实施绿色设计和推广绿色施工，并提出组织保障措施，包括加强统筹管理、积极引导支持、完善标准体系、加强督促指导和加大宣传力度。

【住房城乡建设部印发《工程建设项目审批管理系统管理暂行办法》】 5月11日，为规范工程建设项目审批管理系统建设运行管理、深入推进工程建设项目审批制度改革，按照《国务院办公厅关于全面开展工程建设项目审批制度改革的实施意见》部署要求，住房城乡建设部制定并印发了《工程建设项目审批管理系统管理暂行办法》（建办〔2020〕47号）。

暂行办法从系统功能与工作体系、系统运行管理、监督管理、运行保障四个方面对工程建设项目审批管理系统管理进行了规定。

住房城乡建设部要求，各地要以更好更快方便企业和群众办事为导向，切实落实工程建设项目审批管理系统建设运行管理相关各方责任，健全工作机制，加强部门协同，持续完善系统功能，落实各项改革措施，做好与投资项目在线审批监管平台等相关信息系统互联互通、信息共享工作，着力推进工程建设项目全程网上办理，提升审批服务效能，加快形成网上网下一体化审批和管理体系，保障企业复工复产和工程建设项目顺利实施。

6月

【住房城乡建设部召开建筑施工安全生产约谈视频会议】 6月10日，住房城乡建设部工程质量安全监管司召开建筑施工安全生产约谈视频会议，对2019年8月以来发生房屋市政工程施工安全较大及以上事故的13个地区省市两级住房和城乡建设主管部门和3家中央建筑施工企业实施约谈。

约谈会通报了全国以及被约谈地区、中央建筑施工企业施工安全事故情况，听取了有关单位学习贯彻落实《住房城乡建设部、应急管理部关于加强建筑施工安全事故责任企业人员处罚的意见》以及较大及以上事故查处情况的报告，并就深入开展城市建设安全专项整治三年行动等作出部署。

约谈强调，要深刻领会习近平总书记关于安全生产的重要论述和重要指示批示精神，深刻认识抓好安全生产工作的极端重要性，切实担起防范化解重大安全风险的政治责任。要清醒认识当前房屋市政工程施工安全工作的严峻形势，清醒认识疫情防控常态化、工程项目全面复工复产条件下对安全工作的不利影响，进一步强化安全发展理念，以时不我待的紧迫感和责无旁贷的使命感，推动防范化解施工安全重大风险各项部署落地见实效，坚决杜绝形式主义、官僚主义。

约谈指出，事故查处工作能否做到"严"与"实"，是检验监管执法是否敢于动真碰硬，是否真正做到把人民群众生命安全摆在第一位的试金石。事故查处不严不实，归根结底是安全发展理念不牢问题。要严格执行《住房城乡建设部、应急管理部关于加强建筑施工安全事故责任企业人员处罚的意见》，按照"四不放过"原则，依法依规全面严肃对责任企业和人员实施处罚处理，确保应罚尽罚。要用好用足安全生产许可证、企业资质、人员资格等各类处罚和处理措施，充分发挥制度合力。要加大建设单位责任追究力度，对存在违反基本建设程序、非法施工活动等违法行为的事故，严格追究建设单位的首要责任。

约谈要求，要坚决贯彻落实习近平总书记关于统筹推进疫情防控和经济社会发展的重要讲话精神，认真研判疫情防控常态化、工程项目全面复工复产条件下对安全工作的不利影响，坚持疫情防控和施工安全两手抓、两手硬。要认真贯彻实施《城市建设安全专项整治三年行动实施方案》，督促企业落实主体责任，开展起重机械、高支模、深基坑、城市轨道交通工程专项治理，高度重视违法建设重大安全风险隐患问题，严厉打击违法建设、违规改变建筑主体结构或使用功能等造成安全隐患行为，推动安全生产专项整治不断向纵深发展。

【住房城乡建设部全面推行施工许可电子证照】 6月11日，住房城乡建设部办公厅印发了《关于全面推行建筑工程施工许可证电子证照的通知》（建办市

〔2020〕25号）。通知明确，自2021年1月1日起，全国范围内的房屋建筑和市政基础设施工程项目全面实行施工许可电子证照（以下简称"电子证照"）。电子证照与纸质证照具有同等法律效力。

根据通知，地方施工许可发证机关要按照相关要求，规范数据信息内容和证书样式，完善证书编号、二维码等编码规则，形成全国统一的电子证照版式。同时，应在发证后5个工作日内，将电子证照文件（含电子印章）及业务信息上传至省级建筑市场监管一体化工作平台。省级建筑市场监管一体化工作平台每个工作日应对本行政区域内的信息进行汇总，并通过部省数据对接机制上传至全国建筑市场监管公共服务平台（以下简称"公共服务平台"）。公共服务平台进行归集和存档，并按要求向国家政务服务平台报送。

公共服务平台及微信小程序向社会公众提供电子证照信息公开查询以及二维码扫描验证服务，并向各省级住房和城乡建设主管部门实时共享电子证照信息，实现电子证照跨地区的互联互通。地方各级住房和城乡建设主管部门应在相关办事场景中持续推进电子证照应用，通过相关政务服务系统的数据共享和业务协调，推动实现政务服务事项"一网通办"。

地方各级住房和城乡建设主管部门要于2020年9月底前完成相关信息系统的升级改造以及数据接口的技术开发、管理权限认证和数据联调测试，满足电子证照业务开展和信息互联互通的技术条件。各省级住房和城乡建设主管部门要加强对本行政区域内电子证照业务的监督指导，建立和完善相关管理制度，明确实施主体，细化实施步骤，推动电子证照业务有序开展和规范化管理。

【住房城乡建设部科学技术委员会社区建设专业委员会成立】 6月12日，住房城乡建设部科学技术委员会社区建设专业委员会成立大会在北京召开。住房城乡建设部副部长黄艳出席会议，并为专业委员会委员代表颁发聘书。

会议指出，社区是居民生活的基本单元，是党和政府联系、服务居民群众的"最后一公里"。从住房城乡建设部近年来的工作实践以及这次新冠肺炎疫情防控中暴露出的问题来看，城市社区，特别是老旧社区，普遍存在市政基础设施老化、人居环境差、物业管理缺失、社区服务设施不足等突出短板。当前及今后一段时期，加强社区建设工作，包括积极推进城镇老旧小区改造、绿色社区创建、完整居住区建设等，有利于满足人民群众美好生活需要，有利于做好"六稳"工作、落实"六保"任务，有利于推动构建"纵向到底、横向到边、共建共治共享"的社区治理体系。

会议要求，社区建设专业委员会要围绕城镇老旧小区改造、绿色社区创建、完整居住社区建设等重点工作，当好思想库、智囊团，积极参与研究和制定社区建设相关发展战略、发展规划和政策，推动社区建设事业取得新成绩。

住房城乡建设部有关司局负责同志，在京专业委员会委员代表参加成立大会。

【工程建设行业专项整治工作推进视频会议召开】 6月19日，住房城乡建设部召开工程建设行业专项整治工作推进视频会议，传达学习全国扫黑除恶专项斗争领导小组会议精神，部署推进工程建设行业专项整治工作。住房城乡建设部党组成员、副部长易军出席会议并讲话，住房城乡建设部党组成员、副部长姜万荣主持会议。2020年是扫黑除恶专项斗争的"收官之年"，也是决战决胜的关键之年。按照全国扫黑除恶专项斗争领导小组工作部署，重点行业领域专项整治是今年专项斗争的"重头戏"，也是巩固三年斗争成果的"攻坚战"。各地要采取强有力的措施，依法重点整治，在打防并举、标本兼治上下真功夫、细功夫，堵塞监管漏洞，推进制度创新，健全长效机制，铲除黑恶势力滋生土壤，助推社会治理现代化，夯实"中国之治"基石。

7月

【住房城乡建设部等13部门联合印发《关于推动智能建造与建筑工业化协同发展的指导意见》】 7月3日，住房城乡建设部、发展改革委员会、科学技术部、工业和信息化部、人力资源社会保障部、生态环境部、交通运输部、水利部、税务总局、市场监管总局、银保监会、铁路局和民航局联合印发了《关于推动智能建造与建筑工业化协同发展的指导意见》（建市〔2020〕60号）。

文件明确了推动智能建造与建筑工业化协同发展的指导思想，并提出了以下基本原则：市场主导，政府引导；立足当前，着眼长远；跨界融合，协同创新；节能环保，绿色发展；自主研发，开放合作。

文件提出了推动智能建造与建筑工业化协同发展的目标：到2025年，我国智能建造与建筑工业化协同发展的政策体系和产业体系基本建立，建筑工业化、数字化、智能化水平显著提高，建筑产业互联网平台初步建立，产业基础、技术装备、科技创新能力以及建筑安全质量水平全面提升，劳动生产率明显提高，能源资源消耗及污染排放大幅下降，环境保护效应显著。推动形成一批智能建造龙头企业，引领并带动广大中小企业向智能建造转型升级，打造"中国建造"升级版。到2035年，我国智能建造与建筑工业化协同发展取得显著进展，企业创新能力大幅提升，产业整体优势明显增强，"中国建造"核心竞争力世界领先，建筑工业化全面实现，迈入智能建造世界强国行列。

文件强调了推动智能建造与建筑工业化协同发展的重点任务：（一）加快建筑工业化升级；（二）加强技术创新；（三）提升信息化水平；（四）培育产业体

系；（五）积极推行绿色建造；（六）开放拓展应用场景；（七）创新行业监管与服务模式。

文件提出了推动智能建造与建筑工业化协同发展的保障措施：（一）加强组织实施；（二）加大政策支持；（三）加大人才培育力度；（四）建立评估机制；（五）营造良好环境。

【国务院办公厅印发《关于全面推进城镇老旧小区改造工作的指导意见》】7月10日，国务院办公厅印发了《关于全面推进城镇老旧小区改造工作的指导意见》（国办发〔2020〕23号）。文件提出以下基本原则：坚持以人为本，把握改造重点；坚持因地制宜，做到精准施策；坚持居民自愿，调动各方参与；坚持保护优先，注重历史传承；坚持建管并重，加强长效管理。

文件明确了城镇老旧小区改造的工作目标：2020年新开工改造城镇老旧小区3.9万个，涉及居民近700万户；到2022年，基本形成城镇老旧小区改造制度框架、政策体系和工作机制；到"十四五"期末，结合各地实际，力争基本完成2000年年底前建成需改造城镇老旧小区改造任务。

文件明确了城镇老旧小区改造任务：改造对象重点为2000年年底前建成的老旧小区；改造内容可分为基础类、完善类、提升类3类；各地因地制宜确定改造内容清单、标准和支持政策。

文件提出要建立健全组织实施机制，包括建立统筹协调机制，健全动员居民参与机制，建立改造项目推进机制和完善小区长效管理机制。文件提出要建立改造资金政府与居民、社会力量合理共担机制，包括合理落实居民出资责任，加大政府支持力度，持续提升金融服务力度和质效，推动社会力量参与和落实税费减免政策。文件提出要完善配套政策，包括加快改造项目审批，完善适应改造需要的标准体系，建立存量资源整合利用机制和明确土地支持政策。文件提出强化组织保障，包括明确部门职责，落实地方责任和做好宣传引导。

【住房城乡建设部等7部门印发《绿色建筑创建行动方案》】7月15日，住房城乡建设部、国家发展改革委、教育部、工业和信息化部、人民银行、国家机关事务管理局和银保监会联合印发了《绿色建筑创建行动方案》（建标〔2020〕65号）。

《方案》指出，绿色社区创建行动以广大城市社区为创建对象，将绿色发展理念贯穿社区设计、建设、管理和服务等活动的全过程，以简约适度、绿色低碳的方式，推进社区人居环境建设和整治，不断满足人民群众对美好环境与幸福生活的向往。到2022年，绿色社区创建行动取得显著成效，力争全国60%以上的城市社区参与创建行动并达到创建要求，基本实现社区人居环境整洁、舒适、安全、美丽的目标。

《方案》明确绿色社区创建行动包括5项内容：一是建立健全社区人居环境建设和整治机制。坚持美好环境与幸福生活共同缔造理念，充分发挥社区党组织领导作用和社区居民委员会主体作用，统筹协调业主委员会、社区内的机关和企事业单位等，共同参与绿色社区创建。推动城市管理进社区。推动设计师、工程师进社区。二是推进社区基础设施绿色化。积极改造提升社区水电路气等基础设施，采用节能照明、节水器具等绿色产品、材料。综合治理社区道路，实施生活垃圾分类，推进海绵化改造和建设。三是营造社区宜居环境。因地制宜推动适老化改造和无障碍设施建设，合理布局和建设各类社区绿地，配建停车及充电设施，加强噪声治理，提升社区宜居水平。结合绿色社区创建，探索建设安全健康、设施完善、管理有序的完整居住社区。四是提高社区信息化智能化水平。推进社区市政基础设施智能化改造和安防系统智能化建设。整合社区安保、车辆、公共设施管理、生活垃圾排放登记等数据信息。鼓励物业服务企业大力发展线上线下社区服务。五是培育社区绿色文化。建立健全社区宣传教育制度，加强培训，完善宣传场所及设施设置，定期发布创建活动信息。编制发布社区绿色生活行为公约，倡导居民选择绿色生活方式。

《方案》要求，各地要把绿色社区创建工作摆上重要议事日程，建立部门协作机制，制订实施方案，统筹推进绿色社区创建。优先安排居民创建意愿强、积极性高、有工作基础的社区开展创建。结合城镇老旧小区改造，同步开展绿色社区创建。

《方案》强调，要统筹相关政策予以支持，吸引社会力量参与，强化技术支撑，积极选用经济适用、绿色环保的技术、工艺、材料、产品。动员志愿者、企事业单位、社会组织广泛参与绿色社区创建行动，形成各具特色的绿色社区创建模式。

《方案》还提出了5方面16项具体创建标准。

【国家开发银行、中国建设银行支持市场力量参与城镇老旧小区改造签约仪式举行】 7月17日，在住房城乡建设部大力推动下，国家开发银行与吉林、浙江、山东、湖北、陕西5省，中国建设银行与重庆、沈阳、南京、合肥、福州、郑州、长沙、广州、苏州9个城市，分别签署支持市场力量参与城镇老旧小区改造战略合作协议。签约仪式在北京举行，采取远程视频方式。根据签约内容，在未来五年内，国家开发银行、中国建设银行预计将向5省9市共提供4360亿元贷款，重点支持市场力量参与的城镇老旧小区改造项目。其中，国家开发银行预计将向吉林等5个省提供2610亿元贷款，中国建设银行预计将向重庆等9个城市提供1750亿元贷款。此次国家开发银行、中国建设银行与5省9市开展战略合作的目的是，贯彻党中央、国务院有关决策部署，通过金融机构与地方政府的共同努力,加快各项支持政策创新和落地,营造良好环境,激发市场主体参与的内生动力,加快建立市场化运作、可持续发展的城镇老旧小区改造模式,为全国提供可复制可推广的经验做法。

【住房城乡建设部等 6 部门印发《绿色社区创建行动方案》】7 月 22 日,住房城乡建设部、国家发展改革委、民政部、公安部、生态环境部、国家市场监督管理总局 6 部门联合印发《绿色社区创建行动方案》(建城〔2020〕68 号),深入贯彻习近平生态文明思想,贯彻落实党的十九大和十九届二中、三中、四中全会精神,按照《绿色生活创建行动总体方案》部署要求,开展绿色社区创建行动。

《方案》明确了绿色社区创建行动的创建内容:建立健全社区人居环境建设和整治机制、推进社区基础设施绿色化、营造社区宜居环境、提高社区信息化智能化水平和培育社区绿色文化。

《方案》提出了组织实施的几项措施:建立工作机制、明确工作职责、抓好示范引领和做好评估总结。

《方案》从以下几方面给出了保障措施:统筹相关政策予以支持、强化技术支撑和加强宣传动员。

《方案》给出了绿色社区创建标准。

【全国城镇老旧小区改造工作推进会召开】7 月 23 日,住房城乡建设部、国家发展改革委、财政部召开全国城镇老旧小区改造工作推进会,贯彻落实党中央、国务院决策部署,学习宣传贯彻《国务院办公厅关于全面推进城镇老旧小区改造工作的指导意见》(以下简称《意见》),部署全面推进城镇老旧小区改造工作。会议采取电视电话会议形式。会议要求各地要在前期摸查的基础上,进一步摸清既有城镇老旧小区底数,特别是摸清建成于 2000 年年底前的老旧小区的数量,建立项目储备库。在此基础上,对照《意见》提出的工作目标,区分轻重缓急,切实评估财政承受能力,科学编制本地区"十四五"城镇老旧小区改造规划,按照居民自愿的原则,及早明确 2021 年改造计划,优先对居民改造意愿强、参与积极性高的小区实施改造。要合理界定本地区改造对象范围,重点改造 2000 年年底前建成的老旧小区。因地制宜确定改造内容清单、标准和支持政策,推动建设安全健康、设施完善、管理有序的完整居住社区。

【住房城乡建设部印发《工程造价改革工作方案》】7 月 24 日,住房城乡建设部印发了《工程造价改革工作方案》(建办标〔2020〕38 号)。文件明确了工程造价改革的总体思路,并给出了工程造价改革的主要任务,包括改进工程计量和计价规则、完善工程计价依据发布机制、加强工程造价数据积累、强化建设单位造价管控责任和严格施工合同履约管理。

文件提出了工程造价改革的组织实施措施，包括强化组织协调、积极宣传引导和做好经验总结。

【全国城镇老旧小区改造工作推进会召开】 7月28日，住房城乡建设部与上海市人民政府今天（7月28日）在沪签署共建超大城市精细化建设和治理中国典范合作框架协议。根据协议，双方将以上海"人民城市人民建，人民城市为人民"的生动实践为基础，聚焦城市治理体系、住房制度、城市建设体制机制等方面14项具体工作，以世界城市日为平台，通过部市合作，推动城市转型发展、绿色发展和高质量发展，为推动国家治理体系和治理能力现代化贡献上海智慧、上海样本，为世界超大城市建设和治理提供中国经验、中国方案。

8月

【住房城乡建设部等13部门开展城市居住社区建设补短板行动】8月18日，针对当前居住社区存在规模不合理、设施不完善、公共活动空间不足、物业管理覆盖面不高、管理机制不健全等突出问题和短板，住房城乡建设部、教育部等13部门联合印发《关于开展城市居住社区建设补短板行动的意见》（建科规〔2020〕7号），要求以建设安全健康、设施完善、管理有序的完整居住社区为目标，以完善居住社区配套设施为着力点，大力开展居住社区建设补短板行动。到2025年，基本补齐既有居住社区设施短板，新建居住社区同步配建各类设施，城市居住社区环境明显改善，共建共治共享机制不断健全，全国地级及以上城市完整居住社区覆盖率显著提升。意见提出了5项重点任务：合理确定居住社区规模、落实完整居住社区建设标准、因地制宜补齐既有居住社区建设短板、确保新建住宅项目同步配建设施和健全共建共治共享机制。

【住房城乡建设部召开2020年党风廉政建设工作会议】 8月19日，住房城乡建设部召开2020年党风廉政建设工作会议，部党组书记、部长王蒙徽出席会议并讲话。部党组成员、副部长、直属机关党委书记易军主持会议并传达国务院第三次廉政工作会议精神。会议指出，过去一年多来，在党中央、国务院的坚强领导下，部党组坚定不移落实全面从严治党战略部署，以党的政治建设为统领，坚持推动发展和反腐倡廉两手抓、两促进，力戒形式主义、官僚主义，持续推动全面从严治党向纵深发展。尤其是新冠肺炎疫情发生以来，进一步加强党的建设、压实主体责任、规范权力运行，为统筹推进住房和城乡建设领域疫情防控和经济社会发展提供了有力保障。会议强调，要深入学习领会习近平总书记在中央纪委四次全会上的重要讲话精神，认真贯彻落实中央纪委四次全会、国务院第三次廉政工作会议部署，以更高要求扛起全面从严治党主体责任，更实举措强化重点领域监管，更严作风狠抓突出问题整治，进一步把党风廉政建设和反腐败工作推向深入，确保党中央、国务院决策部署在住房和城乡建设领域落地见效。

【住房城乡建设部等9部门联合印发《关于加快新型建筑工业化发展的若干意见》】 8月28日，住房城乡建设部、教育部、科技部、工业和信息化部、自然资源部、生态环境部、人民银行、市场监管总局和银保监会联合印发了《关于加快新型建筑工业化发展的若干意见》（建标规〔2020〕8号）。文件提出以下意见：

一、加强系统化集成设计。包括推动全产业链协同、促进多专业协同、推进标准化设计、强化设计方案技术论证四项举措。

二、优化构件和部品部件生产。包括推动构件和部件标准化、完善集成化建筑部品、促进产能供需平衡、推进构件和部品部件认证工作、推广应用绿色建材五项举措。

三、推广精益化施工。包括大力发展钢结构建筑、推广装配式混凝土建筑、推进建筑全装修、优化施工工艺工法、创新施工组织方式、提高施工质量和效益六项举措。

四、加快信息技术融合发展。包括大力推广建筑信息模型（BIM）技术、加快应用大数据技术、推广应用物联网技术、推进发展智能建造技术四项举措。

五、创新组织管理模式。包括大力推行工程总承包、发展全过程工程咨询、完善预制构件监管、探索工程保险制度、建立使用者监督机制五项举措。

六、强化科技支撑。包括培育科技创新基地、加大科技研发力度、推动科技成果转化三项举措。

七、加快专业人才培育。包括培育专业技术管理人才、培育技能型产业工人、加大后备人才培养三项举措。

八、开展新型建筑工业化项目评价。包括制定评价标准、建立评价结果应用机制两项举措。

九、加大政策扶持力度。包括强化项目落地、加大金融扶持、加大环保政策支持、加强科技推广支持、加大评奖评优政策支持五项举措。

9月

【住房城乡建设部召开2020年党风廉政建设工作会议】 9月2日，住房城乡建设部在京举办2020年全国住房和城乡建设系统"质量月"启动暨建设质量强国、提升建筑品质现场会。会议宣读了质量终身责任制倡议书，倡议住房和城乡建设系统全体从业人员，弘扬工匠精神、勇担质量责任、塑造时代精品、打造中国质量。易军等与会领导同志向优秀质量安全管理班组代表赠送《工程质量通病防治手册》等书籍，并现场观摩工程质量常见问题防治、工程质量安全手册落实、工程质量提升等示范样板，切身体验智能监测、智慧建造数据中心、沉浸式BIM＋VR功能模拟，工艺机器人等智慧建造内容。本次活动在中国建筑第八工程局有限公司施工的北京大学第一医院城南院区工程项目现场开展。

【住房城乡建设部印发《关于落实建设单位工程质量首要责任的通知》】 9月11日，住房城乡建设部印发了《关于落实建设单位工程质量首要责任的通知》（建质规〔2020〕9号）。文件从完善工程质量责任体系、厘清工程参建各方主体责任边界考虑，强调落实建设单位首要责任的重要意义。

文件从准确把握建设单位首要质量责任内涵考虑，依法明确建设单位从事工程建设活动重点应履行的质量责任。

文件从保障量大面广的住房质量角度考虑，强化分类指导，提出加强商品住房和保障性安居工程等住宅工程质量管理的具体举措。

文件从压实建设单位首要质量责任，激发建设单位增强质量意识考虑，提出建立健全建设单位落实首要责任监管机制、加强建设单位监督管理等方面措施。

【国务院发布《关于取消和下放一批行政许可事项的决定》】 9月21日，国务院发布《关于取消和下放一批行政许可事项的决定》，文件公布了国务院决定取消的行政许可事项目录。其中，和建筑业相关的包括铬化合物生产建设项目审批、通航建筑物设计文件和施工方案审批、兴建可能导致重点保护野生动植物生存环境污染和破坏的海岸工程建设项目审批。

文件公布了国务院决定下放审批层级的行政许可事项目录。其中没有和建筑业相关的事项。

【定点扶贫部县（区）联席会议在青海召开】 9月27日～9月28日，住房城乡建设部党组成员、副部长倪虹分别在青海省西宁市湟中区和大通县召开定点扶贫部县（区）联席会议，与两县（区）主要负责同志共同研究脱贫攻坚成果巩固的思路和举措，逐项跟踪推进重点协调事项，指导定点扶贫县高质量完成脱贫攻坚任务。住房城乡建设部创新定点扶贫组团帮扶机制和部县联席会议制度，凝聚行业攻坚合力，聚焦难点精准发力，为定点扶贫县脱贫攻坚和成果巩固提供了有力支撑。要持续坚持每年确定一批重点帮扶项目，组织行业系统力量用心用情、尽心尽力帮扶协调。当前重点是持续推动建筑业产业扶贫、中药材产业扶贫、高原美丽城镇建设和"美好环境与幸福生活共同缔造"等项目进一步落地见效，助力定点扶贫县巩固脱贫攻坚成果。

10月

【住房城乡建设部召开违法建设和违法违规审批专项清查工作电视电话会议】10月20日，住房城乡建设部召开违法建设和违法违规审批专项清查工作电视电话会议，认真贯彻落实习近平总书记关于安全生产重要论述和重要指示批示精神，落实福建省泉州市欣佳酒店"3·7"坍塌事故调查报告有关事故防范和整改措施建议，对深入开展违法建设和违法违规审批专项清查工作进行再部署、再推动、再落实。住房城乡建设部副部长易军出席会议并讲话。会议由住房城乡建设部副部长姜万荣主持。

会议强调，要提高政治站位。坚持"人民至上、生命至上"，深刻认识抓好专项清查工作的重要性，切实增强责任感、紧迫感，聚焦房屋建筑违法建设和违法违规审批这一薄弱环节，认真组织开展专项清查，强化房屋建筑安全风险源头管控，牢牢守住房屋建筑的安全底线，以平安稳定的实际成效践行"两个维护"。

会议要求，要坚持问题导向。深入清查房屋建筑规划建设使用经营管理全链条各环节突出问题，建立基于城市信息模型平台的国家、省、市城市运行管理信息系统，扎实推进专项清查以及隐患问题整治工作，推动专项清查与房屋建筑安全隐患排查整治等部署形成合力。第一阶段对城区内所有既有和在建房屋建筑隐患问题排查应于2021年6月底前完成，在此基础上，力争用3年时间基本完成问题整改。

会议指出，要压实工作责任。争取属地党委、政府的重视和支持，积极协调发展改革、自然资源、消防、公安、市场监管等主管部门共同做好专项清查工作。成立工作领导小组和专班，组织动员各方力量全方位立体化实施清查，强化专项清查技术保障和经费保障；加大对下级部门的督促指导力度，对问题单位和人员严肃追责；广泛普及房屋建筑违法建设、使用、经营活动的严重危害，提升全民安全意识，共同抓好这项关乎全社会的工作。

福建省、辽宁省住房和城乡建设厅负责同志在会上做交流发言。各省级住房和城乡建设主管部门与有关部门负责同志参会。

【住房城乡建设部、市场监管总局印发《园林绿化工程施工合同示范文本（试行）》】10月23日，为规范园林绿化工程建设市场签约履约行为、促进园林绿化行业高质量发展，近日，住房城乡建设部、市场监管总局联合制定《园林绿化工程施工合同示范文本（试行）》（建城〔2020〕85号），自明年1月1日起试行。《合同示范文本》由合同协议书、通用合同条款和专用合同条款3部分组成。据悉，《合同示范文本》为非强制性使用文本，适用于园林绿化工程的施工承发包活动，合同当事人可结合园林绿化工程具体情况，参照本合同示范文本订立合同，并按照法律法规规定和合同约定承担相应的法律责任及合同权利义务。

【2020年世界城市日中国主场活动在福州举行】 10月31日，住房城乡建设部、福建省人民政府与联合国人居署共同在福州举办2020年世界城市日中国主场活动。2020年世界城市日中国主场（福州）活动包括开幕式、《福州倡议》宣读仪式、《上海手册·2020年度报告》首发仪式、主题演讲、城市发展案例展及相关配套活动等。来自中国、俄罗斯、德国等国家、地区和国际组织的政府官员、专家学者、社区代表等围绕"提升社区和城市品质"年度主题，分享在推进城市高质量发展和改善人居环境方面的经验做法。

11月

【国务院办公厅印发《全国深化"放管服"改革优化营商环境电视电话会议重点任务分工方案》】 11月1日，国务院办公厅印发《全国深化"放管服"改革优化营商环境电视电话会议重点任务分工方案》（国办发〔2020〕43号），对下一阶段深化"放管服"改革优化营商环境工作作出部署。《分工方案》明确了5个方面25项重点任务，其中6项具体措施由住房城乡建设部牵头或分工负责。

其中，在"把实施好宏观政策和深化'放管服'改革结合起来，提高宏观政策实施的时效性和精准性"方面，由国家市场监督管理总局牵头、住房城乡建设部与国家发展改革委等国务院相关部门及各地按职责分工负责"2020年年底前开展涉企收费专项治理，对公用事业、港口物流等领域涉企收费开展检查，整治部分园区、楼宇、商业综合体等转供电主体违法加价等行为，坚决避免减税降费红利被截留"；由国家发展改革委、人民银行、银保监会牵头，住房城乡建设部与人力资源和社会保障部等国务院相关部门及各地区按职责分工负责"完善水电气、纳税、社保等领域信用评价标准和指标体系，充分运用各类信用信息平台，加强相关信用信息共享以及在信贷发放方面的应用，支持普惠金融更好发展"。

在"放要放出活力、放出创造力"方面，由住房城乡建设部牵头负责"进一步压减中央层面、地方层面设立的工程建设项目审批事项和条件，精简规范工程建设项目全流程涉及的技术审查、中介服务事项，压缩审批时间"；住房城乡建设部与司法部等国务院相关部门及各地区按职责分工负责"全面推行证明事项和涉企经营许可事项告知承诺制，明确实行告知承诺制的事项范围、适用对象、工作流程和监管措施等。对具备条件的建设工程企业资质审批实行告知承诺管理"。

在"管要管出公平、管出质量"方面，住房城乡建设部、司法部等国务院相关部门及各地区按职责分工负责"督促地方城市管理部门规范执法行为，制定公布城管执法标准和要求,加大对随意执法等行为的查处力度,降低对市场主体正常生产经营活动的影响"。

在"服要服出便利、服出实惠"方面,住房城乡建设部、国家发展改革委等国务院相关部门及各地区按职责分工负责"优化水电气暖网等公用事业服务,清理报装过程中的附加审批要件和手续,加快实现报装、查询、缴费等业务全程网上办。优化外线施工办理流程,对涉及的工程规划许可、绿化许可、路政许可、占掘路许可、物料堆放许可等环节实行并联审批,探索实行接入工程告知承诺制"。

《分工方案》强调,各地区要完善深化"放管服"改革和优化营商环境工作机制,一体化推进相关领域改革,配齐配强工作力量,抓好改革任务落地。各部门要结合各自职责,加强协同配合,形成改革合力。国务院办公厅要发挥对深化"放管服"改革和优化营商环境工作的牵头抓总作用,强化统筹协调、业务指导和督促落实,确保改革取得实效。

【全国政协提案委员会到住房城乡建设部走访调研】 11月19日,全国政协常委、提案委员会副主任、原国家质检总局局长支树平带队到住房城乡建设部走访座谈,了解全国政协十三届三次会议以来提案办理情况。住房城乡建设部党组书记、部长王蒙徽在会前会见全国政协提案委领导、政协委员,副部长黄艳主持召开座谈会。全国政协提案委员会听取了住房城乡建设部关于全国政协十三届三次会议以来提案办理工作情况的汇报,对住房城乡建设部提案办理工作表示满意,并就城镇老旧小区改造、物业管理、垃圾分类、城市道路塌陷、发展被动式超低能耗建筑、工程标准体系建设等问题深入交换了意见。

【中瑞签署建筑节能领域谅解备忘录】 11月24日,住房城乡建设部副部长倪虹与瑞士联邦驻华大使罗志谊举行会谈,并签署住房城乡建设部与瑞士外交部《关于在建筑节能领域发展合作的谅解备忘录》。在前述谅解备忘录框架下,双方将开展低能耗建筑技术交流培训,推广零能耗建筑标准与示范项目等方面的合作。住房城乡建设部有关司局、科技推广单位将与瑞方共同拟定具体合作计划,在有条件的地方城市开展项目试点合作,为我国建筑节能工作的有效开展提供借鉴和参考。

【住房城乡建设部和体育总局联合印发了《关于全面推进城市社区足球场地设施建设的意见》】 11月24日,住房城乡建设部和体育总局联合印发了《关于全面推进城市社区足球场地设施建设的意见》(建科〔2020〕95号)。

文件明确了全面推进城市社区足球场地设施建设的总体目标:2025年,地级及以上城市建立健全社区足球场地设施建设工作机制和管理模式,按照完整居住社区建设标准,实现新建居住社区内至少配建一片非标准足球场地设施,既有城市社区因地制宜配建社区足球场地设施。2035年，地级及以上城市社区实现足球场地设施全覆盖，具备条件的城市街道、街区内配建一片标准足球场地设施。

文件指出，要夯实基础工作，统筹谋划社区足球场地设施建设，做到加强组织领导，科学制定方案计划，简化建设项目审批程序。

文件指出，要充分挖潜资源，破解社区足球场地设施选址建设难题，做到严格执行建设标准，复合利用存量资源，灵活建设场地设施，积极推行适宜技术。

文件指出，要健全管理体制，完善社区足球场地设施运营维护机制，做到探索运营维护模式，坚持共建共治共享，推动场地高效利用，营造社区足球氛围。

【住房城乡建设部和市场监管总局联合印发《建设项目工程总承包合同（示范文本）》】 11月25日，住房城乡建设部和市场监管总局联合印发了《建设项目工程总承包合同（示范文本）》（GF-2020—0216）（建市〔2020〕96号）。文件明确，为促进建设项目工程总承包健康发展，维护工程总承包合同当事人的合法权益，《建设项目工程总承包合同（示范文本）》（GF-2020—0216）自2021年1月1日起执行，原《建设项目工程总承包合同示范文本（试行）》（GF-2011—0216）同时废止。

文件由合同协议书、通用合同条件和专用合同条件三部分组成。合同协议书共计11条，主要包括：工程概况、合同工期、质量标准、签约合同价与合同价格形式、工程总承包项目经理、合同文件构成、承诺、订立时间、订立地点、合同生效和合同份数，集中约定了合同当事人基本的合同权利义务。通用合同条件是合同当事人根据《中华人民共和国民法典》《中华人民共和国建筑法》等法律法规的规定，就工程总承包项目的实施及相关事项，对合同当事人的权利义务作出的原则性约定。通用合同条件共计20条，既考虑了现行法律法规对工程总承包活动的有关要求，也考虑了工程总承包项目管理的实际需要。专用合同条件是合同当事人根据不同建设项目的特点及具体情况，通过双方的谈判、协商对通用合同条件原则性约定细化、完善、补充、修改或另行约定的合同条件。

【住房城乡建设部印发《建设工程企业资质管理制度改革方案》】 11月30日，住房城乡建设部印发了《建设工程企业资质管理制度改革方案》（建市〔2020〕94号）。文件明确了建设工程企业资质管理制度改革的主要内容：（一）精简资质类别，归并等级设置；（二）放宽准入限制，激发企业活力；（三）下放审批权限，方便企业办事；（四）优化审批服务，推行告知承诺制；（五）加强事中事后监管，保障工程质量安全。

文件提出了建设工程企业资质管理制度改革的保障措施：（一）完善工程招标投标制度，引导建设单位合理选择企业；（二）完善职业资格管理制度，落实注册人员责任；（三）加强监督指导，确保改革措施落地；（四）健全信用体系，发挥市场机制作用；（五）做好资质标准修订和换证工作，确保平稳过渡；（六）加强政策宣传解读，合理引导公众预期。

12 月

【韩正在住房城乡建设部召开座谈会强调坚定不移落实房地产长效机制有效扩大保障性租赁住房供给】 12 月 3 日，中共中央政治局常委、国务院副总理韩正 3 日在住房城乡建设部召开座谈会。他强调，要深入学习贯彻习近平总书记重要讲话和指示批示精神，贯彻落实党的十九届五中全会精神，坚定不移落实房地产长效机制，谋划好"十四五"时期住房工作，加强住房保障体系建设，有效扩大保障性租赁住房供给。

韩正表示，房地产长效机制实施以来，各地各部门认真贯彻党中央、国务院决策部署，紧紧围绕稳地价、稳房价、稳预期的调控目标，坚持因城施策、一城一策，夯实城市主体责任，加强房地产金融调控，房地产工作取得了明显成效。要牢牢坚持房子是用来住的、不是用来炒的定位，不把房地产作为短期刺激经济的手段，时刻绷紧房地产市场调控这根弦，从实际出发不断完善政策工具箱，推动房地产市场平稳健康发展。要加强"十四五"时期住房发展顶层设计，研究好住房市场和住房保障两个体系，更好发挥规划的导向作用。完善相关法规和政策，加强日常监管，促进住房租赁市场健康发展。

韩正强调，要以保障性租赁住房为着力点，完善基础性制度和支持政策，加强住房保障体系建设。要处理好基本保障和非基本保障的关系，尽力而为、量力而行，着力解决困难群体和新市民住房问题。要处理好政府和市场的关系，既强化政府保障作用，也要积极运用市场化手段。要处理好中央和地方的关系，坚持不搞"一刀切"，鼓励和指导城市政府因地制宜，完善住房保障方式，落实好城市主体责任。

【住房城乡建设部、陕西省人民政府合作推进在城乡人居环境建设中开展美好环境与幸福生活共同缔造活动】 12 月 4 日，住房城乡建设部、陕西省人民政府签署在城乡人居环境建设中开展美好环境与幸福生活共同缔造活动合作框架协议，提出了建立完善共同缔造活动工作机制、在实施城市更新行动和乡村建设行动等工作中全面开展美好环境与幸福生活共同缔造活动、加强机制创新和人才培养等方面的合作内容。住房城乡建设部部长王蒙徽、陕西省省长赵一德代表双方签约。

双方表示，要深入学习领会习近平总书记关于加强基层社会治理的重要论述和重要指示批示精神，贯彻落实党的十九届五中全会关于加强和创新社会治理的决策部署，在实施城市更新行动、乡村建设行动等工作中践行共建共治共享理念，以城乡居住社区为基本单元，以建立和完善全覆盖的基层党组织为核心，以构建"纵向到底、横向到边、共建共治共享"的城乡治理体系为路径，以改善群众身边、房前屋后人居环境的实事、小事为切入点，发动群众决策共谋、发展共建、建设共管、效果共评、成果共享，共同建设美好环境与幸福生活，不断增强人民群众的获得感、幸福感、安全感。

【全国城市生活垃圾分类工作现场会召开】 12月10日～12日，住房城乡建设部在广东省广州市召开全国城市生活垃圾分类工作现场会。会议全面总结了2019年上海现场会以来全国生活垃圾分类工作取得的新进展新成效。一是形成了一批好的经验做法。党委、政府高度重视、坚持党建引领、加强生活垃圾管理立法、切实从娃娃抓起、注重宣传引导，这些经验做法在各地复制推广，有力推动了生活垃圾分类工作。二是46个重点城市已基本建成生活垃圾分类系统。分类投放、分类收集基本全覆盖，分类运输体系基本建成，分类处理能力明显增强，垃圾回收利用率不断提高，居民垃圾分类习惯加快养成。三是广东等省整省推进生活垃圾分类工作，在实践中探索形成了全省统筹、整体谋划、分类推进的工作模式。

【住房城乡建设部办公厅印发《城镇老旧小区改造可复制政策机制清单（第一批)》】 12月15日，住房城乡建设部办公厅印发了《城镇老旧小区改造可复制政策机制清单（第一批)》（建办城函〔2020〕649号）。文件包含地方加快城镇老旧小区改造项目审批、存量资源整合利用和改造资金政府与居民、社会力量合理共担3个方面的可借鉴政策机制，供各地结合实际学习借鉴。

【住房城乡建设部办公厅印发《关于开展建设工程企业资质审批权限下放试点的通知》】 12月17日，住房城乡建设部办公厅印发了《关于开展建设工程企业资质审批权限下放试点的通知》（建办市函〔2020〕654号）。文件明确了试点的地区为上海市、江苏省、浙江省、安徽省、广东省、海南省6个地区，试点期限为半年，2021年1月1日至6月30日。

文件明确了试点内容：除最高等级资质（综合资质、特级资质）和需跨部门审批的资质外，将原由我部负责审批的其他资质审批权限（包括重组、合并、分立）下放至试点地区省级住房和城乡建设主管部门。新资质标准出台前，按现行资质标准进行审批，审批方式由试点地区自行确定。

文件提出了开展建设工程企业资质审批权限下放试点的相关要求，包括加强组织领导，规范审批行为，维护统一市场，加强事中事后监管。

【住房城乡建设部等12部门联合印发《关于加快培育新时代建筑产业工人队

伍的指导意见》】 12月18日，住房城乡建设部、国家发展改革委、教育部、工业和信息化部、人力资源社会保障部、交通运输部、水利部、税务总局、市场监管总局、国家铁路局、民航局和中华全国总工会联合印发了《关于加快培育新时代建筑产业工人队伍的指导意见》（建市〔2020〕105号）。

文件确立了加快培育新时代建筑产业工人队伍的总体思路：以习近平新时代中国特色社会主义思想为指导，全面贯彻党的十九大和十九届二中、三中、四中、五中全会精神，统筹推进"五位一体"总体布局和协调推进"四个全面"战略布局，牢固树立新发展理念，坚持以人民为中心的发展思想，以推进建筑业供给侧结构性改革为主线，以夯实建筑产业基础能力为根本，以构建社会化专业化分工协作的建筑工人队伍为目标，深化"放管服"改革，建立健全符合新时代建筑工人队伍建设要求的体制机制，为建筑业持续健康发展和推进新型城镇化提供更有力的人才支撑。

文件明确了加快培育新时代建筑产业工人队伍的工作目标：到2025年，符合建筑行业特点的用工方式基本建立，建筑工人实现公司化、专业化管理，建筑工人权益保障机制基本完善；建筑工人终身职业技能培训、考核评价体系基本健全，中级工以上建筑工人达1000万人以上。到2035年，建筑工人就业高效、流动有序，职业技能培训、考核评价体系完善，建筑工人权益得到有效保障，获得感、幸福感、安全感充分增强，形成一支秉承劳模精神、劳动精神、工匠精神的知识型、技能型、创新型建筑工人大军。

文件提出了加快培育新时代建筑产业工人队伍的主要任务：（一）引导现有劳务企业转型发展；（二）大力发展专业作业企业；（三）鼓励建设建筑工人培育基地；（四）加快自有建筑工人队伍建设；（五）完善职业技能培训体系；（六）建立技能导向的激励机制；（七）加快推动信息化管理；（八）健全保障薪酬支付的长效机制；（九）规范建筑行业劳动用工制度；（十）完善社会保险缴费机制；（十一）持续改善建筑工人生产生活环境。

文件提出了加快培育新时代建筑产业工人队伍的保障措施：（一）加强组织领导；（二）发挥工会组织和社会组织积极作用；（三）加大政策扶持和财税支持力度；（四）大力弘扬劳模精神、劳动精神和工匠精神。

【全国住房和城乡建设工作会议召开】 12月21日，全国住房和城乡建设工作会议在京召开。会议深入学习贯彻习近平总书记关于住房和城乡建设工作的重要指示批示精神，贯彻落实党的十九届五中全会和中央经济工作会议精神，总结2020年和"十三五"住房和城乡建设工作，分析面临的形势和问题，提出2021年工作总体要求和重点任务。住房城乡建设部党组书记、部长王蒙徽作工作报告。

【住房城乡建设部办公厅关于进一步做好建设工程企业资质告知承诺制审批有关工作的通知】12月23日，住房城乡建设部办公厅印发了《关于进一步做好建设工程企业资质告知承诺制审批有关工作的通知》（建办市〔2020〕59号）。

通知明确：自2021年1月1日起，在全国范围内对房屋建筑工程、市政公用工程监理甲级资质实行告知承诺制审批，建筑工程、市政公用工程施工总承包一级资质继续实行告知承诺制审批，涉及上述资质的重新核定事项不实行告知承诺制审批。实施建设工程企业资质审批权限下放试点的地区，上述企业资质审批方式由相关省级住房和城乡建设主管部门自行确定。

通知要求：通过告知承诺方式申请上述资质的企业，须保证填报的包括业绩项目及项目技术指标在内的所有信息真实有效，项目符合法定基本建设程序、相关工程建设资料齐全，并由企业法定代表人签署书面承诺书。

通知明确：通过告知承诺方式取得上述资质的企业，发生重组、合并、分立等情况涉及资质办理的，不适用《住房城乡建设部关于建设工程企业发生重组、合并、分立等情况资质核定有关问题的通知》（建市〔2014〕79号）第一款有关规定，应按照相关资质管理规定中资质重新核定事项办理。

通知强调：住房城乡建设部将加强对通过告知承诺方式取得上述资质企业的事中事后监管，落实"双随机、一公开"监管机制，通过遥感卫星照片比对、组织实地核查、委托省级住房和城乡建设主管部门抽查等方式核查企业申报业绩。对通过弄虚作假等不正当手段取得资质的企业，依法撤销其资质，且3年内不受理其相应企业资质申请事项，并列入建筑市场主体"黑名单"；造成建设单位或其他相关单位和个人损失的，由申请企业承担相应法律后果。

通知明确：企业通过告知承诺方式申请上述资质填报的业绩项目应为全国建筑市场监管公共服务平台（以下简称平台）中数据等级标记为A级（由省级住房和城乡建设主管部门审核确认）的工程项目。各级住房城乡建设主管部门要加强对录入平台工程项目的审核把关，确保数据真实、完整、准确。住房城乡建设部将适时组织对平台工程项目数据进行抽查，发现数据审核把关不严、录入虚假项目信息的，将约谈省级住房和城乡建设主管部门，情节严重的予以全国通报。

自本通知印发之日起，《住房城乡建设部办公厅关于实行建筑业企业资质审批告知承诺制的通知》（建办市〔2019〕20号）、《住房城乡建设部办公厅关于在部分地区开展工程监理企业资质告知承诺制审批试点的通知》（建办市函〔2019〕487号）停止执行。

【全国住房和城乡建设系统抗击新冠肺炎疫情表彰视频会议召开】12月25日，住房城乡建设部召开全国住房和城乡建设系统抗击新冠肺炎疫情表彰视频会议，部党组书记、部长王蒙徽出席会议并讲话，副部长易军、倪虹、黄艳、姜万荣，中央纪委国家监委驻部纪检监察组组长宋寒松出席会议。

会议认为，习近平总书记的领航掌舵和党中央的坚强领导，是夺取抗疫斗争胜利的根本保证。中国特色社会主义制度所具有的显著优势，是战胜任何风险挑战的坚强保障。坚持一切为了人民，紧紧依靠人民，是战胜前进道路上一切艰难险阻的力量源泉。全国住房和城乡建设系统广大干部职工的无私无畏、奋勇前行，是夺取抗疫斗争胜利的坚强支撑。

会议指出，在这次抗疫斗争中，全系统坚决贯彻习近平总书记重要指示和党中央决策部署，闻令而动、听令而行，迅速打响疫情防控阻击战。坚持人民至上、生命至上，全力以赴抢建应急医疗设施，241万建筑大军参加医院建设，18584个定点医疗机构在最短时间交付使用。坚持全员参战、全力阻击，切实维护城市安全运行，保障人民群众生活需要，700多万名物业服务人员、200多万名市政行业职工、180多万名城市环卫工人、60多万名城管执法队员奋战在抗疫一线。坚持精准施策、统筹兼顾，积极稳妥推进全行业复工复产，奋力夺取统筹疫情防控和经济社会发展"双胜利"。

会议强调，大力弘扬伟大抗疫精神，就要始终坚持和加强党的全面领导，坚决贯彻习近平总书记关于住房和城乡建设工作重要讲话和批示指示精神，不折不扣落实党中央决策部署。就要始终坚持以人民为中心的发展思想，集中力量解决群众最关心、最直接、最现实的问题，不断增强人民群众获得感、幸福感、安全感。就要毫不放松地做好常态化疫情防控工作，坚决防止疫情反弹。就要始终保持开拓创新的奋斗姿态，大力宣传和弘扬受表彰的先进集体和先进个人的崇高精神，推动住房和城乡建设事业在高质量发展上不断取得新进展、新成效。

400名个人和200个集体获得全国住房和城乡建设系统先进个人和先进集体称号。住房城乡建设部机关各司局主要负责同志，部直属机关获奖代表在主会场参会，各省级住房和城乡建设部门负责同志和获奖代表在分会场参会。

【住房城乡建设部工程质量安全监管司印发《关于进一步落实工程质量安全手册制度的通知》】 12月25日，住房城乡建设部工程质量安全监管司印发了《关于进一步落实工程质量安全手册制度的通知》（建司局函质〔2020〕118号）。文件提出，要做到（一）加快健全手册体系，各地要加快编制印发地方手册和企业手册，逐步完善国家、省级和企业三级手册体系。地方手册要符合法律法规、国家和地方标准，力求简洁实用，体现地区特色；（二）加强手册示范引领，各地要坚持样板引路、试点先行，选取部分龙头企业和项目开展手册应用试点，将手册要求与企业和施工现场质量安全管理相结合，尽快落地一批具有社会影响力和示范作用的工程项目，以点带面、全面推进；（三）加大手册宣传力度，各地要通过会议、现场观摩、培训等形式开展手册宣传贯彻，解读手册内容和要求，明确工作目标和重点任务，增进各级主管部门和企业对手册的认识和理解；（四）强化手册督促落实，各地要将手册要求落实到各类质量、安全评优中，根据手册内容制定检查实施细则，积极开展"双随机、一公开"检查，对手册执行良好的企业和项目给予评优评先等政策激励，对不执行或执行不力的依法依规严肃查处并曝光。

【住房城乡建设部体育总局部署全面推进城市社区足球场地设施建设工作】12月29日，住房城乡建设部、体育总局在北京联合召开城市社区足球场地设施建设试点总结会，总结推广试点工作经验，全面推动城市社区足球场地设施建设工作。住房城乡建设部副部长黄艳、体育总局副局长李颖川出席会议并讲话。

会议指出，城市社区足球场地设施建设试点工作有效破解了社区足球场建设难题，积累了一系列可复制可推广的好经验。各试点城市政府高度重视，通过建立政府统筹协调机制，破解足球场地"协调难"；通过复合利用社区周边的空闲地、公园绿地、河滩地、路桥附属用地等空间资源，结合场地实际灵活建设，破解足球场地"选址难"；通过简化立项、土地、规划、施工等环节的审批程序，破解足球场地"审批难"；通过建立多元化资金筹措机制，坚持共建共享，破解足球场地"筹资难"；通过建立长效管理制度，破解足球场地"运维难"；通过广泛举办社区群众体育活动，破解社区足球活动"组织难"。近日，住房城乡建设部、体育总局深入总结试点经验，联合印发《关于全面推进城市社区足球场地设施建设的意见》《城市社区足球场地设施建设技术指南》《城市社区足球场地设施建设试点示范图集》，指导各地全面推动城市社区足球场地设施建设工作。

会议强调，各地要深刻认识足球场地设施建设工作的重要性，以满足人民对美好生活的向往作为出发点和落脚点，准确把握新发展阶段，紧扣新发展理念，在完整居住社区建设中，因地制宜补齐体育设施短板，支撑和保障群众参与体育运动，不断提升老百姓的获得感、幸福感和安全感。

会议要求，各地要认真落实《关于全面推进城市社区足球场地设施建设的意见》，从实际出发，结合城市生态修复功能完善工程、城镇老旧小区改造、完整居住社区建设等城市更新工作，扎实推进城市社区足球场地设施建设工作。城市政府要落实主体责任，建立健全政府统筹、部门合力的工作机制。要坚持改革创新，简化社区足球场地设施建设的审批程序，建立奖补机制，广泛动员社会力量参与建设和运营。要坚持因地制宜，充分利用各类存量用地和设施资源建设改造成非标准、非规则、功能复合的足球场地设施。要坚持建管并重，突出社区足球场地公益性，鼓励委托社会力量实施专业化管理，注重依托场地广泛开展各类体育活动，推动形成全民健身、青少年踊跃参与足球运动的良好氛围，培养和弘扬团结协作、顽强拼搏、昂扬向上的体育精神。各省级住房和城乡建设、体育部门的负责同志，武汉、大连、深圳等 9 个试点城市人民政府和相关部门负责同志以视频形式参加会议。

【住房城乡建设部印发《关于加强城市地下市政基础设施建设的指导意见》】12 月 30 日，住房城乡建设部印发了《关于加强城市地下市政基础设施建设的指导意见》（建城〔2020〕111 号）。文件明确了加强城市地下市政基础设施建设的指导思想，并从四个方面提出了工作原则：坚持系统治理；坚持精准施策；坚持依法推进；坚持创新方法。

文件提出了加强城市地下市政基础设施建设的目标任务：到 2023 年年底前，基本完成设施普查，摸清底数，掌握存在的隐患风险点并限期消除，地级及以上城市建立和完善综合管理信息平台。到 2025 年年底前，基本实现综合管理信息平台全覆盖，城市地下市政基础设施建设协调机制更加健全，城市地下市政基础设施建设效率明显提高，安全隐患及事故明显减少，城市安全韧性显著提升。

文件提出，要开展普查，掌握设施实情，进行组织设施普查和建立和完善综合管理信息平台；要加强统筹，完善协调机制，统筹城市地下空间和市政基础设施建设和建立健全设施建设协调机制；要补齐短板，提升安全韧性，消除设施安全隐患，加大老旧设施改造力度，加强设施体系化建设，推动数字化、智能化建设；要压实责任，加强设施养护，落实设施安全管理要求，完善设施运营养护制度；要完善保障措施，加强组织领导，开展效率评估，并做好宣传引导。